Jakob Herzer

Metaphorische Studien zu griechischen Dichtern

Jakob Herzer

Metaphorische Studien zu griechischen Dichtern

ISBN/EAN: 9783742897725

Hergestellt in Europa, USA, Kanada, Australien, Japan

Cover: Foto ©Thomas Meinert / pixelio.de

Manufactured and distributed by brebook publishing software (www.brebook.com)

Jakob Herzer

Metaphorische Studien zu griechischen Dichtern

Metaphorische Studien zu griechischen Dichtern.

I.

Die auf „Unglück und Verwandtes" bezüglichen Metaphern und Bilder bei den Tragikern.

Programm

der

k. Studienanstalt Zweibrücken

zum Schlusse des Studienjahres

1883/84

verfasst von

Jakob Herzer
k. Studienlehrer.

Zweibrücken.
Druck von AUGUST KRANZBÜHLER.
1884.

Die auf „Unglück und Verwandtes" bezüglichen Metaphern und Bilder bei den griech. Tragikern.

Seit Mützell's Schrift über die Metaphern bei Curtius (Berlin 1842) sind über den Gebrauch der Metaphern bei alten Schriftstellern viele Abhandlungen, teils Programme, teils Doktordissertationen, erschienen. Die meisten derselben beziehen sich begreiflicher Weise auf die Dichter, und von diesen wiederum die vorwiegend grössere Anzahl auf die griechischen Tragiker [1]). Wenn jemand das Verzeichnis der Abhandlungen, welche sich mit den tragischen Dichtern beschäftigen, ohne weitere Kenntnis ihres Inhaltes durchmustert, so könnte er zu der Meinung kommen, dass über diesen Gegenstand die Akten als geschlossen zu erachten seien und jede weitere dahin einschlagende Arbeit zum mindesten als unnötig bezeichnet werden müsste. Dem ist nun aber in Wirklichkeit nicht so. Denn einmal sind die Metaphern bei den griechischen Tragikern noch nicht erschöpfend behandelt d. h. noch nicht alle gesammelt und geordnet, indem ein Teil der Abhandlungen sich zwar mit den drei Tragikern beschäftigt, aber nur gewisse Arten von Übertragungen aufzählt, andere Arbeiten nur bestimmte Klassen von Metaphern bei diesem oder jenem Tragiker zu sammeln unternommen haben. Sodann kommt es hier doch wohl auch auf die Behandlungsweise an. In allen Abhandlungen nun — soweit ich sie kenne — ist das Verfahren eingehalten, dass die Metaphern nach den Kreisen, aus welchen sie stammen, geordnet und behandelt sind. Dadurch wird allerdings klar, woher die Dichter ihre Übertragungen genommen haben und dass, was diesen Punkt betrifft, kein wesentlicher Unterschied zwischen den drei Tragikern besteht, indem — wie ja natürlich — ein jeder alles ihm Bekannte und poetisch Verwertbare — aus der leblosen und belebten Natur, aus dem Menschen- und Tierleben u. s. w. — für seine Zwecke ausnützte. Weniger klar aber tritt hervor, welche Übertragungen der einzelne Dichter in diesem oder jenem Falle, zur Bezeichnung bestimmter Gegenstände und Zustände anwendete, und wie er zu vermeiden suchte, sich selbst zu oft zu wiederholen und seine Vorgänger zu kopieren. Ich hielt es darum für besser, eine andere Art der Behandlung einzuschlagen; hiebei wird es allerdings vorkommen, dass ich vielfach Metaphern aufzählen werde, welche von andern bereits gesammelt und untergebracht sind. Doch dieses ist nicht etwa auf meine Abhängigkeit von den bis jetzt über diesen Gegenstand erschienenen Arbeiten zurückzuführen, sondern eben auf die besondere Behandlungsweise.

Ich suche nämlich die Frage zu beantworten: **In welcher Weise haben die Dichter in den Fällen, wo ihnen in eigentlicher Bedeutung gebrauchte Worte und Ausdrücke als der betreffenden Person oder Situation nicht entsprechend erschienen, durch Übertragungen und Bilder ihrer Sprache grössere Erhabenheit und Klarheit zu verleihen gesucht?** Damit wird uns ein, wenn auch bescheidener, Blick in die Gedankenwerkstätte der einzelnen Dichter ermöglicht, indem dabei, wie bereits angedeutet, mit grösserer Klarheit hervortritt, wie sich in einem speziellen Falle der einzelne Dichter zu helfen suchte, entweder mit Anlehnung an ein Vorbild oder selbständig. Wir machen damit auch einen Schritt zu dem Ideale, das mir von je bei der Sammlung der Metaphern vorgeschwebt hat, nämlich zur Beantwortung der Frage, was ein jeder Dichter überkommen und was er neu geschaffen hat, was ihm also zu eigen gehört.

Einen Schritt machen wir zu jener Lösung; damit ist schon ausgesprochen, dass jenes Ideal eben — Ideal bleibt. Denn das Eigentumsrecht der einzelnen Dichter an die Metaphern genau festzustellen oder mit andern Worten, die Sprachmetaphern d. h. die der ganzen Sprache als solcher, also allen Schriftstellern gemeinsamen Metaphern zu scheiden von den Autormetaphern [2]) d. h. von den Übertragungen, welche von diesem oder jenem zu einem bestimmten Zwecke neu geschaffen wurden, ist bei dem Wenigen, was uns erhalten ist, ein Ding der Unmöglichkeit. Die erstere Klasse von Übertragungen wenigstens bis zu einem gewissen Grade zu bestimmen, ist noch am leichtesten: denn ihr werden wir von vornherein die Metaphern zuweisen, welche sich bei allen oder bei dem grösseren Teile der Schriftsteller finden. In betreff der zweiten Kategorie aber ist es in den meisten

Fällen nicht möglich zu bestimmen, ob ihr eine Metapher zuzuteilen sei oder nicht; wir können ja nicht wissen, ob dieselbe nicht bei verschiedenen Schriftstellern in verloren gegangenen Schriften schon vorher angewendet worden ist.

Bei den Tragikern allerdings ist es uns öfter möglich, eine Metapher als Autormetapher zu bestimmen. Denn viele haben ein so charakteristisches Gepräge, dass wir sagen müssen: diese Metapher ist von dem betreffenden Dichter erfunden worden.

So ist es eine Sprachmetapher, wenn $δάκνω$ in der Bedeutung „verletzen", „betrüben" gebraucht wird, $νέφος$ zur Bezeichnung einer „Menge" dient (so schon in der Ilias A 274 $νέφος$ $πεζῶν$, P 755 $ἱερὸν$ $νέφος$ $ἔρχεται$ $ἠὲ$ $κολοιῶν$).

Eine Autormetapher ist es, wenn Aischylos „die schwarze Rauchsäule eine Schwester des Feuers" (Sept. 494*) oder „die durstige (Staub-) Erde eine nahe Schwester des Lehms" nennt (Ag. 494) oder endlich, wenn er von dem Feuerstrahle, welcher auf dem griechischen Festlande aufflammte und die Zerstörung Troja's sowie die Abfahrt des Agamemnon von dort verkündete, die Klytaimnestra sagen lässt, „er habe seinen Urahn (Grossvater) in dem Feuerzeichen des Berges Ida" (Ag. 311: $φάος$ $τόδ'$ $οὐκ$ $ἄπαππον$ $Ἰδαίου$ $πυρός$). Gerade dieser Dichter ist an solchen kühnen, uns vielfach als gewagt erscheinenden Personifikationen sehr reich.

Eine Autormetapher scheint es zu sein, wenn Sophokles von einer $φλὸξ$ $πήματος$ spricht (O. R. 166), eine solche ist es, wenn er die Elektra mit Hinweis auf die bakchantischen Nachtfeiern der Frauen bei den Dionysos- oder Demeterfesten ihr nächtliches Jammern und Klagen auf einsamem Lager in bitterer Ironie „ihre Nachtfeier" nennen lässt (El. 92). Bei Sophokles ist eine derartige Bestimmung viel schwieriger, weil sich dieser Dichter von der aischyleischen Kühnheit vollständig frei hält und, wie in anderem, so auch in diesem Punkte ein bewunderungswürdiges Mass einhält, so dass seine Metaphern meistens zu wenig charakteristisch sind, als dass wir sie ihm sofort als sein Eigentum zusprechen könnten.

Autormetaphern sind es endlich, — um auch den dritten Tragiker anzuführen — wenn Euripides den Boten von dem durch Orestes getöteten Aigisthos sagen lässt, „Mord sei über ihn gekommen als bitterer Zins für Mord" (El. 857:

---

* Citieren werde ich: bei Aischylos nach der Ausg. von Dindorf (ed. V. Lpzg. 1870), bei Sophokles nach Dindorf (ed. IV. 1875), bei Euripides **nach** Nauck (ed. III. 1876).

αἷμα δ' αἵματος πικρὸς δανεισμός) und wenn er in den Bakchen den Pentheus zu Kadmos sprechen lässt, er solle „seine Thorheit nicht an ihm abwischen" d. h. ihn nicht damit anstecken, beschmutzen (v. 343 f.), eine Metapher, welche ihm den besonderen Tadel und Spott des Mannes, der auf ihn am wenigsten gut zu sprechen war, des Aristophanes eingetragen hat [3]).

Bei den tragischen Dichtern also müssen wir zwischen Sprach- und Autormetaphern unterscheiden und die Zahl der letzteren als die ursprünglich grössere annehmen. Denn die Behauptung bedarf wohl keines besonderen Beweises, dass die tragischen Dichter den überkommenen Schatz der Wortbedeutungen, trotz der Fülle von Metaphern, welche jedenfalls den lyrischen Dichtern zu verdanken waren, als für ihre Zwecke nicht ausreichend erfanden. Wollten sie den auftretenden Göttern und Heroen Worte in den Mund legen, welche sowohl ihrer Persönlichkeit wie der jedesmaligen Situation entsprachen, wollten sie die mannigfachen Seelenkämpfe immer in würdigen, erhabenen Worten zum Ausdruck bringen, wollten sie die verschiedenen Klage- und Jammerrufe in immer neue Formen kleiden: so mussten sie schöpferisch vorgehen, kühne Wortzusammensetzungen bilden wie neue Wortbedeutungen erfinden d. h. noch nicht gehörte Metaphern schaffen. Es galt für sie also vor allem, den anspruchsvollen und empfindlichen Ohren des attischen Publikums immer neue Genüsse zu bieten und zu diesem Zwecke insbesondere leidige Wiederholungen derselben Worte und Bilder zu vermeiden. Denn solche Wiederholungen verzieh man wohl dem epischen Dichter, — und auch in der Ilias wird bei der Schilderung gleicher Situationen hie und da der Versuch gemacht, Abwechselung in die Darstellung zu bringen, vgl. E 42, 47, 58, 68, 75, 82 und 83 — nicht aber dem Tragiker. Darum wird sich jeder folgende Dichter bemüht haben seinen Vorgänger durch neue, packende Bilder zu übertreffen, ein Bestreben, das sich bei Euripides nachweisen lässt. Auf der andern Seite wird sich aber auch jeder gehütet haben, das, was von einem Vorgänger neu geschaffen worden und als dessen Schöpfung allen bekannt war, seinerseits wieder vorzubringen. In einem solchen Falle hätte der von allen gleichsam anerkannte Richter über alle derartigen Vergehen, Aristophanes, unerbittlich die Geissel seines beissenden Spottes über ihm geschwungen, und das athenische Publikum, das in solchen Dingen eine für **uns** geradezu wunderbare Feinfühligkeit und äusserst gefährliche Empfindlichkeit besass, würde gegen einen solchen Dichter unerbittlich vorgeschritten sein. So war denn jeder gezwungen, die Schöpfungen seiner Vorgänger zu respektieren und für seine Person entweder die überkommenen Metaphern umzuarbeiten oder ganz neue zu schaffen.

Um nun auf diese Thätigkeit der Dichter, so weit dies eben möglich ist, ein helleres Licht fallen zu lassen, will ich die Metaphern behandeln und ordnen nach den Materien, zu deren Bezeichnung sie angewendet wurden. In diesem Betreffe scheint es aber wiederum am interessantesten zu sein zu erfahren, in welch' mannigfacher Weise die tragischen Dichter die Materie, für welche sie am öftesten Hilfe schaffen mussten, nämlich die Bezeichnungen „Unglück, Not, Leid" und was damit zusammenhängt durch Metaphern und Bilder umschrieben haben.

Bei dieser Untersuchung aber glaube ich auch **Homer** berücksichtigen zu **müssen**, einmal, weil es von einigem Interesse sein dürfte, den auch in diesem Punkte bestehenden grossen Unterschied zwischen der epischen und tragischen Poesie kennen zu lernen, sodann aber hauptsächlich deswegen, weil die Namen der tragischen Dichter und der des Homer in engster Verbindung genannt zu werden pflegen. Haben ja doch die ersteren in der epischen Poesie in vieler Beziehung ein Vorbild für die plastische Darstellungsweise gehabt, das sie allerdings in ihrer Weise vervollkommen mussten. Das Hauptmittel, der Darstellung einen ganz besonderen Reiz, verbunden mit grösserer Klarheit und Durchsichtigkeit, zu verleihen, liegt bei Homer allbekanntermassen in den Gleichnissen. Doch es finden sich bei ihm auch Metaphern. Wenn diese auch der Zahl nach weit hinter den Übertragungen bei den tragischen Dichtern zurückbleiben, so sind sie dennoch nicht unerheblich, und manche scheinen uns förmlich **zu dem Schlusse** zu zwingen, dass der **Dichter** oder die Dichter sie bewusst schöpferisch gebildet **haben.** Dieses zeigt **sich nur in der Ilias**, in der Odyssee finden sich lediglich die Methaphern der Ilias, ohne Veränderung und ohne wesentliche Mehrung.

So wird $\pi\acute{e}\sigma\sigma\omega$ ($\varkappa\alpha\tau\alpha\pi\acute{e}\sigma\sigma\omega$) öfter in übertragener Bedeutung gebraucht: $\varkappa\alpha\tau\alpha\pi\acute{e}\sigma\sigma\epsilon\iota\nu$ $\chi\acute{o}\lambda o\nu$ = unterdrücken (A 81), $\pi\acute{e}\sigma\sigma\epsilon\iota\nu$ $\chi\acute{o}\lambda o\nu$ (I 513) und $\varkappa\acute{\eta}\delta\epsilon\alpha$ (Ω 617, 639) = nachhängen, ironisch $\pi\acute{e}\sigma\sigma\epsilon\iota\nu$ $\gamma\acute{e}\rho\alpha$ (B 237) und endlich in sarkastischer Weise Θ 513, wo Hektor ausspricht, **die Achaier** sollten nicht ohne Kampf heimkehren, sondern so, dass mancher auch noch zu Hause ein Geschoss zu verdauen d. h. die Nachwehen zu verwinden habe. Das schneidende oder verwundende Erz wird (an 8 Stellen in der Ilias) erbarmungslos (νηλέι χαλκῷ), der Stein, von welchem der Held Diores zu Tode getroffen wurde, unverschämt (ἀναιδής Δ 521), der Ida (Θ 47, Ο 151), und Thrake (Α 222) eine Mutter wilder Tiere, Phthia (Ι 479) die Mutter von Herden, Argos das vieldurstige (πολυδίψιον Δ 171) genannt. Pläne fassen, erfinden heisst μήδεα ὑφαίνειν (Γ 212), einen Anschlag aussinnen μῆτιν ὑφαίνειν (Η 324. Ι 93); der Speer rast (Π 75 οὐ γὰρ Τυδεΐδεω — μαίνεται ἐγχείη), von dem tötlich getroffenen und vom Wagen herabstürzenden Kebriones sagt Patroklos mit beissendem Spotte: traun, welch' ein flinker Mann, wie leicht schlägt er ein Rad! (Π 745 ὡς ῥεῖα κυβιστᾷ⁴); ἐπιειμένος wird verbunden mit ἀναιδείην (Α 149. Ι 372), mit θοῦριν ἀλκήν (Η 164. Θ 262. Σ 157); der Krieger stürzt sich in den Rachen des Kampfes (Τ 313. Κ 8); die Schlafenden sind vom süssen Schlafe bezwungen (μαλακῷ δεδμημένοι ὕπνῳ (Κ 2. Ω 678) und von dem unglücklichen, zu Tode getroffenen Iphidamas wird in rührender Weise gesagt, er habe sich niedergelegt zum ehernen Schlafe (Λ 241).

Diese Beispiele, welche den weitaus kleineren Teil der **bei Homer** vorkommenden Metaphern ausmachen, dürften genügen, um zu beweisen, dass, wie die Gleichnisse, so auch nicht minder die Metaphern beitragen zur Fülle und plastischen Gestaltung der epischen Darstellung. Die Zahl der auf „Unglück und Verwandtes" bezüglichen, also in der Folge anzuführenden Metaphern bei Homer ist allerdings sehr gering.

Was nun die nachfolgende Arbeit selbst betrifft, so **zerfällt** dieselbe in folgende Teile:

I. über die in eigentlicher Bedeutung „Unglück, Not, Verderben, Leid" etc. bezeichnenden Substantiva, welche mit metaphorisch gebrauchten Wörtern verbunden werden, und zwar

    1. mit Verben,
    2. mit Substantiven **und** Adjektiven.

II. über die Substantiva und Verba, welche metaphorisch gebraucht werden, um „Unglück, Verderben" etc. und „**in Unglück geraten, vernichten**" etc. zu umschreiben.

III. über die Art und Weise, wie bei den Tragikern die Grösse und Menge des Unglücks ausgedrückt wird.

I. Die Substantiva des „Unglücks" werden verbunden
1) mit metaphorisch gebrauchten Verben.

Eines der beliebtesten Verba, um eine enge Verbindung zu bezeichnen, ist bei den Tragikern
Ζευγνύναι mit seinen Compositis. Dass dasselbe sich ganz besonders häufig auf die eheliche Verbindung bezieht, ist ja allbekannt, und so findet es sich bei Euripides — der es allerdings bevorzugt — nicht weniger als 27mal. Wegen seiner Eigenschaft, eine enge Verbindung zu bezeichnen, wird es auch mit Substantiven des Unglücks verbunden.

Bei Aischylos findet sich ἐνζεύγνυναι an zwei Stellen im Prometheus; V. 107 f. lesen wir: θνητοῖς γὰρ γέρα | πορὼν ἀνάγκαις ταῖσδ' ἐνέζευγμαι. Hier ist also die Rede von der Not des Prometheus, von seiner Fesselung an den Kaukasos. An der zweiten Stelle ist die Rede von dem Unglück der Io, welche auf ihren Irrfahrten auch zu Prometheus kommt und dort jammernd ausruft: (V. 577 f.) τί ποτέ μ', ὦ Κρόνιε | παῖ, τί ποτε ταῖσδ' ἐνέζευξας εὑρὼν ἁμαρτοῦσαν ἐν πημοσύναις, ἔη;

Sophokles gebraucht συγκαταζευγνύναι, mit ἄτη verbunden, und zwar im Aias 123 (Odysseus spricht von Aias: ἐποικτείρω δέ νιν) — ὁθούνεκ' ἄτῃ συγκατέζευκται κακῇ. Hier bezieht sich ἄτη auf den Wahnsinn, welchen eine feindselige Gottheit über den Aias geschickt hatte. Ἄτη bezeichnet zunächst „den Zustand des Geistes, da der Geist, was seines Wesens ist, in freier Bewegung, Umsicht, Entschluss gehemmt ist, jeden unfreien Geisteszustand" [5]). Da nun der Mensch in einem solchen unfreien Geisteszustande sehr leicht zu thörichten, unrechten Handlungen kommt und diese Handlungen ihm Schaden zufügen, so bezeichnet jenes Wort auch geradezu „Unglück", namentlich bei den Tragikern, aber ein Unglück, „von dem ja der Begriff des Zufälligen, der bisweilen in unserm Unglücke liegt, entfernt bleiben muss". „Das Unglück als ein Schaden bringendes, als ein Leiden bringendes, das ist der Hauptbegriff." In dieser Bedeutung werden wir es bei den Tragikern noch öfter treffen.

Euripides hat das Kompositum συζεύγνυμι in dieser Verbindung bevorzugt; dasselbe findet sich an 3 Stellen: Andr. 98 (Andromache klagt, dass sie über vieles zu jammern habe, über den Verlust des Vaterlandes, **über** den Tod des Hektor und) στερρόν τε τὸν ἐμὸν δαίμον' ᾧ συνεζύγην | δούλειον ἦμαρ εἰσπεσοῦσ' ἀναξίως. Die zweite Stelle findet sich Hipp. 1389: οἵαις συμφοραῖς συνεζύγης (also spricht Artemis zu Hippolytos); die dritte Stelle lesen wir in der Helena 255: τίνι πότμῳ συνεζύγην (Worte der Helena). Πότμος bezeichnet zunächst das Loos, dann aber auch wie hier **das** unglückliche Loos.

Ein weiteres Verbum, um eine enge, unzerreissbare Verbindung zu bezeichnen, findet sich bei Aischylos, nämlich Κολλάω, leimen, Ag. 1566 κεκόλληται γένος πρὸς ἄτᾳ. Gemeint ist das Pelopidengeschlecht; πρὸς ἄτᾳ ist allerdings eine Konjektur von Blomfield, aber eine, wie mir scheint, unbedingt notwendige; denn das handschriftliche προσάψαι will keinen rechten Sinn geben. Hier können wir ἄτη in jener dreifachen Bedeutung fassen: als Verblendung des Geistes, unrechte Handlung und daraus hervorgehendes Unheil. — Als drittes Verbum ist anzuführen

Συγκεράννυμι, bei Sophokles Ai. 894 f. τὴν δορίληπτον δύσμορον νύμφην ὁρῶ | Τέκμησσαν οἴκτῳ τῷδε συγκεκραμένην (wir: in Leid versunken). Ant. 1311 δειλαίᾳ δὲ συγκέκραμαι δύᾳ. Bei Aischylos wird das Verbum etwas anders gebraucht; in den Choephoren nämlich (V. 743 ff.) klagt die greise Amme darüber, **dass** die alten Schmerzen im Hause des Atreus, mit neuen vereint, (τὰ μὲν κακὰ συγκεκραμένα ἄλγη τοῖσδ' ἐν Ἀτρέως δόμοις) ihr Herz betrübten. — Eine nicht minder enge Verbindung wird durch die Übertragungen von

Ἔντροφος und σύντροφος ausgedrückt; ersteres bei Sophokles, O. C. 1362 σὺ γάρ με μόχθῳ τῷδ' ἔθηκας ἔντροφον, letzteres **bei** Euripides, Iph. T. 1118 ἐν γὰρ ἀνάγκαις | οὐ χάριτα σύντροφος ὤν. Doch stehen dieser und der folgende Vers nicht **fest.** — Das Verbum τρέφω gebraucht Sophokles Ai. 644 ἄταν, ἂν οὔτις τις ἔθρεψεν — αἴρθη τοῦδε.

Πεδάω, δέω. Der Begriff des Bindens, Fesselns bezeichnet bei Homer in Verbindung mit μοῖρα das Verderbliche, Vernichtende. So lesen wir Ι 517 ἔνθ' Ἀμαρυγκείδην Διώρεα μοῖρα πέδησεν, das Schicksal band den Diores d. h. es liess ihn dem Tode nicht entgehen. λ 292 χαλεπὴ δὲ θεοῦ κατὰ μοῖρ' ἐπέδησεν u. s. w.; mit einem Infinitiv verbunden findet es sich γ 269 ἀλλ᾽ ὅτε δή μιν μοῖρα θεῶν ἐπέδησε δαμῆναι. Ἐνδέω ist verbunden mit ἄτη (Verblendung, Täuschung) B 111 = Λ 18 Ζεύς με μέγα Κρονίδης ἄτῃ ἐνέδησε βαρείῃ. — Von den Tragikern hat etwas Ähnliches nur Sophokles O. C. 525 κακᾷ μ᾽ εὐνᾷ πόλις οὐδὲν ἴδριν γάμων ἐνέδησεν ἄτῃ (hat mich gefesselt an, verstrickt in den Leid und Verwirrung schaffenden Ehebund). — Von den zuletzt behandelten Verben findet sich der Übergang von selbst zu Λαμβάνω, αἱρέω, ἁλίσκομαι, welche an einigen **Stellen bei** Sophokles uns begegnen; so in der Antigone, wo Teiresias dem Kreon weissagt, er werde dafür, **dass** er jemand (**die** Antigone) getötet, einen von seinen nächsten Angehörigen (den Haimon) verlieren: die Erinyen lauerten auf, dass er in demselben Leid gefangen werde (V. 1075 f. λοχῶσιν Ἅιδου καὶ θεῶν Ἐρινύες, / ἐν τοῖσιν αὐτοῖς τοῖσδε ληφθῆναι κακοῖς.) — Der Gedanke, dass keines Menschen Leben von Unglück frei bleibt, wird also ausgedrückt O. C. 1722: κακῶν γὰρ δυσάλωτος οὐδείς. Αἱρέω und ἁλίσκομαι finden sich endlich vereint an einer Stelle, in welcher das Wort „Unglück, Verderben" zwar nicht ausdrücklich steht, aber doch dem Sinne und Zusammenhange nach begrifflich enthalten ist, nämlich O. C. 763 f. τί ταῦτα πειρᾷ κἀμὲ δεύτερον θέλεις / ἑλεῖν, ἐν οἷς μάλιστ᾽ ἂν ἁλοίην ἁλούς; Oidipus weist so die gleissnerischen Ueberredungsversuche des Kreon zurück. Vgl. auch noch El. 125 μάτρος ἁλόντ᾽ ἀπάταις Ἀγαμέμνονα. — Bei dem nämlichen Dichter findet sich eine eigentümliche Metapher des Verbums

Λατρεύω, im O. C. 105; Oidipus bittet die Eumeniden, ihn aufzunehmen und sein Leben bei ihnen vollenden zu lassen, wenn er ihnen nicht unwürdig scheine, der immer dem höchsten Leid gedient d. h. das härteste Leid getragen habe (μόχθοις λατρεύων τοῖς ὑπερτάτοις βροτῶν). Λατρεύω findet sich auch bei Aischylos metaphorisch gebraucht, im Prom. V. 968, wo Prometheus sagt, es scheine ihm besser jenem Felsen zu dienen (τῇδε λατρεύειν πέτρᾳ, damit ist also die Fesselung des Prometheus gemeint) als ein Bote des Zeus zu sein. Hier ist λατρεύω durch den nachfolgenden Vers veranlasst, da der Sinn ist: mir scheint es besser diesem Fels zu dienen, als dem Zeus (vgl. zu dieser Stelle Wecklein, welcher auch, nach dem Vorschlage von Erfurdt, die obigen Verse dem Hermes zuweist).

Γεύομαι. Dieses Verbum findet sich bei Sophokles und Euripides an je zwei Stellen; bei ersterem Trach. 1101 ἄλλων τε μόχθων μυρίων ἐγευσάμην, und Ant. 582 (hier allerdings das adiect. verbale) εὐδαίμονες οἷσι κακῶν ἄγευστος αἰών. — Eur. Hek. 375 ὅστις γὰρ οὐκ εἴωθε γενέσθαι κακῶν, | φέρει μέν, ἀλγεῖ δ' αὐχέν' ἐντιθεὶς ζυγῷ. In den letzten Worten ist ein anderes Bild enthalten, indem das Elend mit einem Joche verglichen ist, über welche Art von Metaphern wir im zweiten Abschnitte dieses Teils sprechen werden. Die zweite Stelle findet sich H. f. 1353 πόνων δὲ μυρίων ἐγευσάμην. Vgl. auch Alk. 1069 ὡς ἄρτι πένθοις τοῦδε γεύομαι πικροῦ.

Vom Meere sind auch **einige Metaphern** hergenommen, so Καθορμίζω bei Aischylos und μεθορμίζω bei Euripides. Ersteres, mit der Grundbedeutung „ein Schiff in einen Hafen einlaufen lassen", lesen wir Prom. 964 f., wo Hermes zu **dem** unglücklichen Helden jenes Drama's spricht: τοιοῖσδε μέντοι καὶ **πρὶν** αὐθαδίσμασιν | ἐς τάσδε σαυτὸν πημονὰς καθώρμισας. An einen Hafen dürfen wir **bei** dieser Metapher nicht mehr denken, sondern vielmehr an das wogende Meer. — Das Verbum μεθορμίζω, eigentlich „ein Schiff aus einem Hafen in einen andern bringen", findet sich bei Euripides in der Medea V. 257: Medea klagt, dass sie, einsam und ohne Vaterland, gehöhnt werde, οὐ μητέρ', οὐκ ἀδελφὸν, οὐχὶ συγγενῆ | μεθορμίσασθαι τῆσδ' ἔχουσα συμφορᾶς. Vgl. auch Alk. 797. — Gleichfalls von der Schiffahrt hergenommen ist Κέλλω bei Aisch. Prom. 182 ff. (der Chor spricht zu Prometheus:) δέδια δ' ἀμφὶ σαῖς τύχαις, | πᾶ ποτε τῶνδε πόνων | χρή σε τέρμα κέλσαντ' ἐσιδεῖν. Die Leiden des Prometheus sind **also** verglichen **mit der** Not eines Schiffers auf stürmischem Meere und **das** Ende dieser seiner Leiden mit dem schützenden Hafen. An einer andern Stelle desselben Drama's, V. 98 ff., wo Prometheus klagend ausruft: φεῦ φεῦ, τὸ παρὸν τό τ' ἐπερχόμενον | πῆμα στενάχω, πῆ ποτε μόχθων | χρὴ τέρματα τῶνδ' ἐπιτεῖλαι, hat Coenen geändert τέρματι τῶνδ' ἐπικέλσαι (vgl. Wecklein im Anh. zu d. St.), eine Konjektur, die an und für sich sehr schön ist, hier aber nicht notwendig erscheint; wir haben hier eben eine einem andern Kreise entnommene Metapher, hergenommen von dem aufsteigenden Lichte; vgl. Theognis 1275: ὡραῖος καὶ ἔρως ἐπιτέλλεται, ἡνίκα περ γῆ | ἄνθεσιν εἰαρινοῖς θάλλει ἀεξομένη. Das Ende der Leiden an obiger Stelle wird also mit einem aufgehenden, rettenden Lichte verglichen; **und** dass das Licht metaphorisch „Glück, Rettung" bedeutet, lässt sich durch nicht wenige Stellen beweisen; vgl. beispielsweise Eur. Med. 482 (Medea spricht zu Iason:) ἀνέσχον σοι φάος σωτήριον.

Als von dem Meere hergenommen ist ferner zu erwähnen Ἐκνέω, herausschwimmen, welches nur Euripides in dieser Weise übertragen hat: Hipp. 469 f. εἰς δὲ τὴν τύχην | πεσοῦσ᾽ ὅσην σὺ πῶς ἂν ἐκνεῦσαι δοκεῖς; Auf diese Stelle lege ich allerdings kein Gewicht, da die Verse 468—470 zu grossen Bedenken Anlass gegeben haben, so dass es nicht ungerechtfertigt erscheint, die obige Stelle als eine Nachahmung von V. 823 — vgl. diese Stelle im letzten Teile — anzusehen. Vgl. über die ganze Sache Barthold zu obiger Stelle. Am geeignetsten dürften jetzt folgen die Verba Ῥήγνυμι und ἀναρρήγνυμι; ersteres findet sich bei Sophokles und Euripides an je einer Stelle, letzteres bei Soph. an einer Stelle. Soph. O. R. 1074 δέδοιχ᾽ ὅπως μὴ 'κ τῆς σιωπῆς τῆσδ᾽ ἀναρρήξει κακά. ib. 1280 τάδ᾽ ἐκ δυοῖν ἔρρωγεν οὐ μόνῳ κακά (verdächtig!). Eur. Hipp. 1338 μάλιστα μέν νυν σοὶ τάδ᾽ ἔρρωγεν κακά.

Die Jagd ist auch durch ein Verbum vertreten, nämlich durch

Θηράω, bei Aisch. Prom. 1072 μηδὲ πρὸς ἄτης θηρασθεῖσαι μέμψησθε τύχην. So spricht Hermes zum Chor. In anderm Sinne gebraucht das Verbum Euripides, Bacch. 839 κακοῖς θηρᾶν κακά (durch Übles Übel erjagen, schaffen; vgl. fragm. 235 τὰς τύχας ἐκ τῶν πόνων θηρᾶν). — Endlich ist noch ein Verbum aus dem gewöhnlichen Leben anzuführen, nämlich

Ζέω, sieden, wallen, bei Aisch. Sept. 708 f. νῦν δ᾽ ἔτι ζεῖ (sc. δαίμων). | ἐξέζεσεν γὰρ Οἰδίπου κατεύγματα. Ausserdem findet es sich noch Eur. Hek. 583 δεινόν τι πῆμα Πριαμίδαις ἐπέζεσε (vgl. auch Iph. T. 987 f.).

In zweiter Linie müssen wir die Verba behandeln, welche gebraucht werden, um das Hervorbringen des Unglücks zu bezeichnen. Da ist an erster Stelle zu nennen

Φυτεύω. Dieses findet sich schon bei Homer: O 134 κακὸν μέγα πᾶσι φυτεῦσαι, δ 668 ἀλλὰ οἱ αὐτῷ (nämlich Τηλεμάχῳ) | Ζεὺς ὀλέσειε βίην, πρὶν ἡμῖν πῆμα φυτεῦσαι, und ε 340 κακὰ πολλὰ φυτεύει. Von den Tragikern hat es nur Sophokles und zwar Ai. 953 Τοιόνδε — Παλλὰς φυτεύει πῆμ᾽ Ὀδυσσέως χάριν. — Bei Homer werden ausserdem zu obigem Zwecke **verwendet** ἐφάπτω (B 15. 32 Τρώεσσι δὲ κήδε᾽ ἐφῆπται. Χ 241 πολλῇσι δὲ κήδε᾽ ἐφῆπτο), κυλίνδω (P 688 — πῆμα θεὸς Δαναοῖσι κυλίνδει. Δ 347 νῶιν δὴ τόδε πῆμα κυλίνδεται, schol. ἀπὸ θεοῦ ἐπέρχεται. β 163 τοῖσιν γὰρ μέγα πῆμα κυλίνδεται. θ 81 τότε γάρ ῥα κυλίνδετο πήματος ἀρχή), ῥάπτω

(Σ 367 Τρώεσσι — κατὰ δάψαι. γ 118.). Für die drei letztgenannten Verba habe ich bei den Tragikern kein Beispiel gefunden. Bei diesen ist weiter anzuführen

Κατασπείρω, nur bei Sophokles Ai. 1005 ὅσας ἀρίας μοι κατασπείρας φθίνεις.

Τίκτω, bei Sophokles Trach. 893 ἔτεκεν, ἔτεκεν μεγάλαν | ἁ νέορτος ἅδε νύμφα | δόμοις τοῖσδ᾽ ἐρινύν, und bei Eur. frgm. 579 μακρὸς γὰρ αἰὼν μυρίους τίκτει πόνους

Φλέγω, bei Soph. Ai. 196 ἄταν οὐρανίαν φλέγων (aufflammen, hervorbrechen lassen).

Κλέζω, bei Aisch. Ag. 1180 ff. (χρησμὸς) λαμπρὸς δ᾽ ἔοικεν ἡλίου πρὸς ἀντολὰς | πνέων ἐσάξειν, ὥστε κύματος δίκην | κλέξειν πρὸς αὐγὰς τοῦδε πήματος πολὺ | μεῖζον (= aufregen).

Ἐπικυκλέω, bei Soph. Trach. 129 ff. ἀλλ᾽ ἐπὶ πῆμα καὶ χαρὰν | πᾶσι κυκλοῦσιν αἰὲν ἄρκτοι στροφάδες κέλευθοι. Hier also wird dem Gedanken Ausdruck gegeben, dass Freud und Leid mit einander **wechseln**.

Προσβάλλω, bei Sophokles Trach. 41 f. ἐμοὶ πικρὰς | ὠδῖνας αὐτοῦ προσβαλὼν ἀποίχεται. Anders Aisch. Prom. 1073 ff. μηδέ ποτ᾽ εἴπηθ᾽ |, ὡς Ζεὺς ὑμᾶς εἰς ἀπρόοπτον | πῆμ᾽ εἰσέβαλεν.

Es bleibt uns noch übrig, die Personifikationen resp. die Verbindungen, in denen das Unglück zu einem lebenden Wesen erhoben wird, zu behandeln. — Eines der metaphorisch **am meisten** gebrauchten Verba ist

Δάκνω, beissen, übertragen: betrüben, verletzen, **verwunden**. Schon Homer hat es in dieser Bedeutung gebraucht; vgl. E 493 δάκε δὲ φρένας Ἕκτορι μῦθος, δάκνει μῦθος auch Eurip. Hipp. 1313); anders ι 75 und an andern Stellen: θυμὸν ἔδειν, π 92 καταδάπτειν. Besonders häufig haben obiges Verbum die Tragiker übertragen, und unter diesen hat es namentlich Euripides bevorzugt. Hier kommen folgende Stellen in betracht:

Aisch. Pers. 845 f. ὦ δαῖμον, ὥς με πόλλ᾽ ἐσέρχεται κακὰ | ἄλγη, μάλιστα δ᾽ ἥδε συμφορὰ δάκνει. Unter ἥδε συμφορά versteht die klagende Atossa die Kunde, dass ihr Sohn, der König Xerxes, in Lumpen vor ihr erscheinen werde (vgl. auch Ag. 791 δῆγμα λύπης). — Bei Sophokles findet sich das Verbum mit einem Substantivum des Unglücks nicht verbunden, wohl aber weist er ein damit gebildetes Adjektivum auf, nämlich δακέθυμος, im Phil. 705 δακέθυμος ἄτα, womit der Chor die Krankheit des Philoktet meint (vgl. Phil. 1358 ἄλγος δάκνει und Trach. 254) — Aus Euripides ist anzuführen:

Her. 481 ff. κάματης ἀέρι | θέλω πυθέσθαι, μὴ 'πὶ τοῖς πάλαι κακοῖς | προσκείμενόν τι πῆμα σὴν δάκνει φρένα. Med. 110 ψυχὴ διχθεῖσα κακοῖσι. Frgm. 576, 3 αἵ τε συμφοραὶ | ἴσσον δάκνουσιν. — Eine kühne Personifikation mit dem Verbum

Ἀλύω (bin ausser mir) las man und liest man heute noch in manchen Ausgaben bei Soph. O. R. 694 f. (der Chor spricht zu Oidipus: Unvernünftig würde ich erscheinen, wenn ich dich verleugnete) ὅς τ᾽ ἐμὰν γᾶν φίλαν ἐν πόνοις | ἀλύουσαν κατ᾽ ὀρθὸν οὔρισας. Da οὐρίζω, von der Seefahrt hergenommen, in ἀλύω keinen Gegensatz hat, so ist, in Erinnerung an O. R. 22 πόλις γὰρ — ἄγαν ἤδη σαλεύει, entschieden die Konjektur von Dobree: ἐν πόνοις σαλεύουσαν vorzuziehen, welche denn auch von Schmeidewin aufgenommen ist. — Ungemein zahlreich sind die Metaphern, welche die tragischen Dichter aus dem gewöhnlichen Leben genommen haben; kein Ausdruck war so niedrig, dass er nicht von dem einen oder andern der Dichter gewählt worden wäre, um durch poetischen Gebrauch gleichsam höhern Wert zu erlangen. So sind auch hier einige Verba zu nennen und zwar zunächst

Εὕδω, nur bei Euripides Suppl. 1147 οὔπω κακὸν τόδ᾽ εὕδει. (fragm. 402 ist aus ἰδοῦσα — συμφορά von Musgrave εὕδουσα — σύμφ. gemacht worden). Was hier negativ ausgedrückt ist, wird anderwärts affirmativ gegeben durch die Verba

Ζάω und ἡβάω. Beide bei Euripides, ersteres frgm. 35 ἀεὶ τὸ μὲν ζῇ, τὸ δὲ μεθίσταται κακόν (Soph. O. R. 45 συμφορὰς ζώσας, wahrscheinlich verderbt!), letzteres Alk. 1085 νῦν δ᾽ ἐν ἡβᾷ σοι κακόν. — Naturgemäss schliesst sich hier an

Ἐγείρω, bei Aischylos und Sophokles. Bei ersterem lesen wir es im Ag. 346 (θεοῖς δ᾽ οὐκ ⁹) ἀναμπλάκητος εἰ μόλοι στρατός), ἐγρηγορὸς τὸ πῆμα τῶν ὀλωλότων | γένοιτ᾽ ἄν. Wenn das Heer also sich an den Göttern versündigt (etwa ihre Tempel entweiht) und darauf abfährt, könnte das Unglück der Vernichteten (näml. der Trojaner) wach werden d. h. sich gegen das Heer (der Griechen) wenden, von den strafenden Göttern über dieses verhängt werden. Bei Sophokles findet sich ἐπεγείρω, nämlich O. C. 510 δεινὸν μὲν τὸ πάλαι κείμενον ἤδη κακόν, ὦ ξεῖν᾽, ἐπεγείρειν. (vgl. ib. 1779 μηδ᾽ ἐπὶ πλείω | θρῆνον ἐγείρετε.) — Auch der gegenteilige Begriff findet sich so übertragen, nämlich

Κατευνάζω, bei Soph. Trach. 1242 οὐ γὰρ κατευνασθὲν τόδ᾽ ἐκκινεῖς κακόν⁷). — Eine eigentümliche Metapher finden wir bei Euripides; dieser nämlich verbindet

Κατακωμάζω, welches eigentl. „unter allerlei Scherz die Strassen durchziehen" bedeutet, ursprünglich also mit Unglück gar nichts gemein hat, mit δαιμόνιον, Phoen. 352 (ἅτε) τὸ δαιμόνιον κατεκώμασε | δόμασιν Οἰδιπόδα. — Endlich ist auch noch das Kriegswesen vertreten durch
Ἐπιστρατεύομαι, Eur. Med. 1185 διπλοῦν γὰρ αὐτῇ πῆμ' ἐπεστρατεύετο (vgl. Or. 712 οὐ γὰρ ῥᾴδιον λόγχῃ μιᾷ | στῆσαι τρόπαια τῶν κακῶν ἅ σοι πάρα). —

Die Substantiva des „Unglücks" werden verbunden 2) mit metaphorisch gebrauchten Substantiven und Adjektiven.

Da wir oben ζευγνύναι an die Spitze gestellt haben, so mag hier das entsprechende Substantivum den Reigen eröffnen. Ζυγόν (ζεῦγμα, ζεύγλα, λέπαδνον) wird zunächst bei den Tragikern — und es ist dies wohl allen Sprachen gemeinsam — von der Sklaverei gebraucht und zwar bei Aischylos neun mal, bei Sophokles ein mal und bei Euripides drei mal. Dieser Gebrauch erhielt bei Aischylos und Euripides eine Erweiterung, indem diese Dichter auch von einem Joche der Not (Notwendigkeit), des Unglücks sprechen. Aischylos weist eine derartige Stelle auf, im Ag. V. 217 ἐπεὶ δ' ἀνάγκας ἔδυ λέπαδνον etc. Diese Worte beziehen sich auf Agamemnon, welcher, der Not gehorchend, seine eigene Tochter zu opfern über sich gewinnen musste. — Bei Euripides finden sich vier hierher gehörige Stellen: Or. 1330 ἀνάγκης εἰς ζυγὸν καθέσταμεν. Iph. A. 443 εἰς οἷ' ἀνάγκης ζεύγματ' ἐμπεπτώκαμεν. frgm. 287, 10 ὑπ' ἄτης ζεύγλαν ἀσχάλλει πεσών. Auch frgm. 478 findet sich τὸ τῆς ἀνάγκης ζυγόν.

Demselben Kreise gehört an ein Bild mit Ἅρμα, bei Aisch. Cho. 795 ἴσθι δ' ἀνδρὸς φίλου πῶλον εἶναι ζυγέντ' ἐν ἅρμασι | πημάτων [8]. Von Orestes ist die Rede: wie ein Füllen, an einen Lastwagen gespannt, über seine Kräfte ziehen muss, so hat der jugendliche Orestes an seinem Unglücke über die Massen zu schleppen.

Θύελλα, nur bei Aischylos an einer Stelle, Ag. 819 ἄτης θύελλαι ζῶσι. Die Stürme des Verderbens, das über Troja gekommen ist, leben, rasen noch, indem die Flammen der brennenden Stadt noch nicht erloschen sind, sondern noch weiter wüten. — Auf gleicher Anschauung beruht der metaphorische Gebrauch von

Πνεῦμα, bei Eur. Iph. T. 1317 πῶς φῄς; τί πνεῦμα συμφορᾶς κεκτημένη; doch unterscheidet sich diese Stelle von der vorhergehenden: es kann hier nicht ein Wind, ein Hauch des Unglücks gemeint sein; der Genetiv συμφορᾶς ist vielmehr der sogenannte qualitative Genetiv und bezeichnet sonach eine Eigenschaft des πνεῦμα, vertritt also ein Adjektiv; Hartung: „welcher böse Windhauch schwellt ihr Herz?" — Über jenen Genetiv vgl. Krüger II, § 47, 5, 2. — Ein derartiges Beispiel bietet auch

Κηλίς bei Soph. O. R. 833 κηλὶς συμφορᾶς und O. C. 1134 κηλὶς κακῶν (unheilvolle, unglückselige Schmach) und Λίγη bei Aisch. Prom. 1050 ff. ἔς τε κελαινὸν | Τάρταρον ἄρδην ῥίψειε δέμας | τοὐμὸν ἀνάγκης στερραῖς δίναις. — Das Feuer findet sich auch vertreten durch

Φλόξ, bei Sophokles O. R. 165 f. εἴ ποτε καὶ προτέρας ὕπερ ὀρνυμένας πόλει | ἠνύσατ' ἐκτοπίαν φλόγα πήματος, ἔλθετε καὶ νῦν. Unter φλὸξ πήματος ist die Pest zu verstehen, ὁ πυρφόρος θεός (V. 27).

Ὁδός, nur bei Euripides an zwei Stellen. Ion 930 μετῆλθες ἄλλων πημάτων καινὰς ὁδούς, und frgm. 392, 4 καὶ κακῶν ἄλλας ὁδούς.

Den Beschluss [*]) mögen zwei echt aischyleische Bilder machen, das erste mit

Ἱερεύς, Ag. 735 ἐκ θεοῦ ἱερεύς τις ἄτας δόμοις προσεθρέφθη, „ein Priester des Verderbens," welcher gleichsam zu Ehren des Gottes mordet, der ihn antreibt. Die Worte haben bezug auf Paris; dieser ist vorher in kühner, erhabener Sprache verglichen mit einem Löwen, welcher von einem Manne, der ihn der Mutterbrust entzog, im Hause aufgezogen wird und eine Zeit lang die Hand kost, die ihm Nahrung spendet, dann aber nach längerer Zeit die von den Eltern anererbte Wut lebendig in sich werden fühlt und, die gewohnte Nahrung verschmähend, die Herden überfällt und zerreisst: „ein Priester des Verderbens ward in ihm dem Hause auferzogen". So war es auch mit Paris. — Das zweite Bild mit

Στάχυς ἄτης findet sich in den Persern V. 821 f. ὕβρις γὰρ ἐξανθοῦσ' ἐκάρπωσε στάχυν | ἄτης, ὅθεν πάγκλαυτον ἐξαμᾷ θέρος. Wenn der Übermut also in die Blüten schiesst, zeitigt er die Ähre der Schuld und bewirket dann als Ernte Thränen nur. —

Es sind nun noch einige Substantiva anzufügen, welche, mit einem Genetiv verbunden, das Hervorbringen, Schaffen des Unglücks bezeichnen. So findet sich

Σοφιστής bei Eurip. Her. 993 πολλῶν σοφιστὴς πημάτων ἐγιγνόμην | καὶ πόλλ' ἔτικτον etc. Also spricht Eurystheus von sich mit Hinweis auf die Qualen, welche er seinem Verwandten Herakles bereitet hatte. — Ähnlich wird gebraucht διδάσκαλος bei Aischylos. In den „Sieben gegen Theben" (V. 570 ff.) nennt der Bote bei der Aufzählung und Charakterisierung der argivischen Helden den Tydeus einen Männermörder, Städteverwirrer und den grössten Lehrer für Argos (d. h. für die argivischen Helden) in dem (der Stadt Theben zu bereitenden) Unglücke (V 573 μέγιστον Ἄργει τῶν κακῶν διδάσκαλον). — Bei dem nämlichen Dichter findet sich βόσκημα, Suppl. 620 μίασμα — ἀμήχανον βόσκημα ἐριμότης πέλειν. Der Frevel (womit die Verstossung und Nichtbeschützung der Schutzflehenden gemeint ist) sei Nahrung für unendliches Unglück d. h. er bringe unendliches Unglück hervor. — Einem ganz andern Kreise gehören an die **Wörter**

τέκνον und ὄργανον, ersteres bei Euripides Med. 409 — κακῶν δὲ πάντων τέκτονες σοφώταται (sc. γυναῖκες), letzteres bei Sophokles Ai. 380 ἰὼ πάντα δρῶν, ἁπάντων ἀεὶ | κακῶν ὄργανον, τέκνον Λάρτιου. Hier ist κακῶν mehr in der allgemeinen Bedeutung „Übles" zu fassen, welches sowohl den Begriff der Schlechtigkeit **wie des daraus** hervorgehenden Unheils enthält.

Von Adjektiven habe ich nur wenige anzuführen.

μέλας. Dieses Wort wird von allem gebraucht, was sich auf Not und Tod, Mord und Verderben bezieht. So werden bei Homer die Sorgen schwarz genannt (vgl. *I* 191), der Tod wird schwarz genannt (so bei Eur. Tro. 1315), der Feuerglanz, welcher nach dem vermeintlichen Abzuge der Achaier und dem Einzuge des hölzernen Pferdes in Troja die festlich gestimmte Stadt erfüllt, heisst schwarz, da er bald der Nacht des Unglücks weichen soll (Tro. 549), das Schwert ist schwarz (so Eur. Hel. 1656, Or. 821. 1473) u. s. w Darnach sollte man erwarten, dass dieses Adjektiv sich auch vielfach bei Substantiven des Unglücks finde; ich habe jedoch nur drei Stellen anzuführen, **zwei** bei Aischylos: Suppl. 88 πάντα τοι φλεγέθει κἀν σκότῳ μελαίνᾳ ξὺν τύχᾳ | μερόπεσσι λαοῖς, **Ag.** 770 φιλεῖ δὲ τίκτειν ὕβρις — ἱερὸν | ὁρᾶν μελαίνας μελάθροισιν ἄτας, und **eine bei Eur. Hipp.** 1388 μέλαινα νερτέρος τ' ἀνάγκα.

Eine ähnliche Bedeutung des Traurigen, Düstervollen hat auch

ἀχόρευτος, Eur. Tro. 120 f. μοῦσα δὲ χαύτη ταῖς δυστήνοις | ἄτας κελαδεῖν ἀχορεύτους.

Ἕκτωρ, reif, findet sich in übertragener Bedeutung verbunden mit μόχθος bei Soph. O. C. 437 ὅτ᾽ ἤδη πᾶς ὁ μόχθος ἦν πέπων, als bereits die ganze Not gemildert war. Zum Schlusse ist ein vom Ringkampfe hergenommenes Adjektiv anzuführen, nämlich
Δυσπάλαιστος. Eur Alk. 889 εὔχα, εὔχα δυσπάλαιστος ἔχει.

II. Substantiva und Verba, welche übertragen werden, um „Unglück, Not" und „vernichten, vernichtet oder von Unglück betroffen werden"

zu umschreiben.

Am bekanntesten und wohl in allen Sprachen in dieser metaphorischen Bedeutung gebräuchlich sind die Begriffe „Nacht, Dunkel, Finsternis".

Νύξ (δνόφος, ἀχλύς, εὐφρόνη).

Schon bei Homer ist in dem Worte νύξ der Begriff „verderblich" enthalten, wenn er den Apollon, der finster dahin schreitet, um die verderblichen Pfeile in das Lager der Achaier zu schleudern, mit der Nacht vergleicht: Α 47 ὁ δ᾽ ἤιε νυκτὶ ἐοικώς. Vgl. auch Autenrieth zu dieser Stelle bei Nägelsbach. λ 606 von Herakles: ὁ δ᾽ ἐρεμνῇ νυκτὶ ἐοικώς etc. und Μ 463 von Hektor: νυκτὶ θοῇ ἀτάλαντος ὑπώπια. Bei den Tragikern nun findet sich dieses Substantivum (beziehungsweise seine Synonyma) in ausgiebigem Gebrauche, teils allein, teils in ausgeführten Bildern, um Verderben und Not zu bezeichnen, und zwar am öftesten bei Aischylos. Dieser weist folgende Stellen auf: Pers. 300 f. ἐμοῖς μὲν εἶπας δόμοισι φάος [10]) μέγα / καὶ λεύκιμον ἦμαρ νυκτὸς ἐκ μελαγχίμου. Hier also haben wir ein ausgeführtes Bild, in welchem das Licht und der strahlende Tag zur Bezeichnung des Glückes und der Freude der Nacht des Unglücks gegenüber gestellt werden. — Eine ähnliche Gegenüberstellung finden wir Ag. 522 ἥκει γὰρ ὑμῖν φῶς ἐν εὐφρόνῃ φέρων — Ἀγαμέμνων ἄναξ. — Das Unglück, welches durch Agamemnons Tod über sein Haus kam, wird in den Choephoren also umschrieben: V. 51 ff. ἀνήλιοι βροτοστυγεῖς / δνόφοι καλύπτουσι δόμους / δεσποτῶν θανάτοισι. Ähnlich wird das durch die Niederlage des Perserheeres über Asien gekommene Unglück umschrieben Pers. 669 f. Στυγία γάρ τις ἐπ᾽ ἀχλὺς πεπόταται, / νεολαία γὰρ ἤδη κατὰ πᾶσ᾽ ὄλωλε. Endlich ist noch eine.

Stelle aus den Eumeniden anzuführen, wo das durch die Erinyen über den Verbrecher und sein Haus hereinbrechende Verderben geschildert wird: Eum. 378 f. τοῖον ἐπὶ κνέφας ἀνδρὶ μύσος πεπόταται, | καὶ δνοφερὰν τιν' ἀχλὺν κατὰ δώματος αὐδᾶται πολύστονος φάτις.
Bei Sophokles habe ich zwei hierher gehörige Stellen gefunden: O. C. 1683 τὼν δ' ὀλεθρία νὺξ ἐπ' ὄμμασιν βέβακε. Also klagt Antigone nach dem Hinscheiden ihres Vaters über ihre Verlassenheit. Es liegt aber in obigen Worten (νὺξ ἐπ' ὄμμασιν) eine feine Beziehung auf den blinden Oidipus: so lange unser blinder Vater lebte, so will Antigone sagen, waren wir sehend und geschützt; nun jener geschieden ist, sind wir blind und hilflos. — In demselben Drama findet sich in ähnlicher Bedeutung ἀεργής, V. 1481: εἴ τι γᾶ μάτηρ τυγχάνεις ἀεργὲς φέρων. (Vgl. auch die wahrscheinlich verderbte Stelle Trach. 132 f., wo der Wechsel der menschlichen Schicksale geschildert und auch νὺξ verwendet wird.)
Euripides hat νὺξ (und nur dieses) an drei Stellen angewendet. Tro. 204 ἔρροι νὺξ αὕτα καὶ δαίμον. El. 867 f. ὦ γαῖα καὶ νὺξ ἣν ἐδερκόμην πάρος, | νῦν ὄμμα τοὐμὸν ἀμπτυχαί τ' ἐλεύθεροι. Also jubelt Elektra nach dem Tode des Aigisthos. Vgl. auch Or. 243 ἥκει φῶς ἐμοῖς καὶ σοῖς κακοῖς | ἀνὴρ ὁμογενὴς καὶ χάριτας ἔχων πατρός. Hier also wird das Unglück als Finsterniss angesehen, welche durch die Ankunft des Menelaos wie durch ein Licht verscheucht werden soll. — An zweiter Stelle ist anzuführen
Χειμών (χῦμα). Bei Aischylos findet es sich Prom. 642 ff. καίτοι καὶ λέγουσ' ὀδύρομαι | θεόσσυτον χειμῶνα καὶ διαφθορὰν | μορφῆς, ὅθεν μοι σχετλίᾳ προσέπτατο. Io spricht hier von dem über sie gesandten Unglücke, von der Verwandlung ihrer Gestalt. Während in dieser Stelle χειμών in der Bedeutung „Sturm" übertragen ist, finden wir an einer andern Stelle die Bedeutung „Kälte" vorherrschend, nämlich Ag. 968 ff. (Klytaimnestra sagt zu Agamemnon:) καὶ σοῦ μολόντος δωμάτιν ἑστίαν, | θάλπος μὲν ἐν χειμῶνι σημαίνεις μολόν. — Ein vollständig ausgeführtes Bild d. h. ein Vergleich mit den vom Sturme umhergeworfenen Schiffern begegnet uns Cho. 201 ff. (Elektra ruft hier klagend aus:) ἀλλ' εἰδότας μὲν τοὺς θεοὺς καλούμεθα, | οἵοισιν ἐν χειμῶσι ναυτίλων δίκην | στροβούμεθ'. (Eine vierte Stelle Prom. 1015 s. unter χῦμα (τρικυμία).
Sophokles hat dieses Wort nur an einer Stelle übertragen, und da bezieht es sich auf den Wahnsinn des Aias: Ai. 206 f. Αἴας θολερῷ | κεῖται χειμῶνι νοσήσας.

Bei Euripides habe ich χειμών in dieser Übertragung nicht gefunden, wohl aber χεῖμα in einem Bilde in der Andromache. Hier spricht Peleus zur Andromache, welche von Menelaos vorher hart bedrängt worden war und durch die Dazwischenkunft des greisen Peleus befreit wurde, diese Worte: V. 748 f. σύ τ᾽ ὦ τάλαινα χείματος γὰρ ἀγρίου / τυχοῦσα λιμένας ἦλθες εἰς εὐηνέμους. Nauck erklärt in seiner adnotatio critica τυχοῦσα für verdächtig. Und in der That nimmt sich dieses Partizipium neben dem „wilden Sturm" recht matt aus. Hätte der Dichter ausdrücken wollen, dass sie von einem Sturme bedrängt worden sei, dann hätte er jedenfalls ein stärkeres Verbum gewählt, etwa στροβεῖσθαι oder χειμάζεσθαι. Aber um das Bedrängtwerden kann es sich hier nicht handeln, sondern darum, dass sie dem Sturme entronnen ist. Halten wir dieses fest und erinnern wir uns an die Stelle in den Bakchen V. 902 ff. εὐδαίμων μὲν ὃς ἐκ θαλάσσας / ἔφυγε χεῖμα, λιμένα δ᾽ ἔκιχεν / εὐδαίμων δ᾽ ὃς ὕπερθε μόχθων / ἐγένεθ᾽, so kann kein Zweifel mehr für uns bestehen, dass statt τυχοῦσα zu lesen ist φυγοῦσα. Der vorausgehende Genetiv lässt sich sodann mit wenigen Strichen ändern, so dass die Stelle also lauten würde: χεῖμα γὰρ τόδ᾽ ἄγριον / φυγοῦσα λιμένας ἦλθες εἰς εὐηνέμους.

Das von χειμών gebildete Verbum Χειμάζω wird häufig übertragen und bedeutet „in Not bringen, quälen, bedrängen". Aischylos weist es an zwei Stellen im Prometheus auf: V. 561 ff. (Io ruft beim Anblick des an den Kaukasos gefesselten Prometheus:) τίνα γῶ λεύσσειν / τόνδε χαλινοῖς ἐν πετρίνοισιν / χειμαζόμενον; An einer späteren Stelle gebraucht Prometheus bei der Beschreibung der Irrfahrten, welche Io noch zu machen hätte, jenes Verbum von dieser, V. 838 παλιμπλάγκτοισι χειμάζει δρόμοις. Sophokles hat das Verbum an folgenden Stellen: O. R. 101 — τόδ᾽ αἷμα χειμάζον πόλιν. Phil. 1459 f. Ἑρμαῖον ὄρος παρέπεμψεν ἐμοί / στόνον ἀντίτυπον χειμαζομένῳ. Vgl. auch Ant. 391 ταῖς σαῖς ἀπειλαῖς, αἷς ἐχειμάσθην τότε.

Bei Euripides findet es sich ebenfalls an 3 Stellen: Hipp. 315 φιλῶ τέκν᾽· ἄλλῃ δ᾽ ἐν τύχῃ χειμάζομαι. Suppl. 269 πόλις δὲ πρὸς πόλιν / ἔπτηξε χειμασθεῖσα. Ion. 966 οἴμοι, δόμων σῶν ὄλβος ὡς χειμάζεται.

Wie χειμών, so kommt auch das stärkere Σκηπτός, Orkan, vor, bei Aischylos und Euripides an je einer Stelle; bei ersterem bezieht es sich auf die Pest, (Pers. 715 λοιμοῦ τις ἦλθε σκηπτὸς ἢ στάσις πόλει;) bei letzterem

auf das durch den trojanischen Krieg über Griechenland g[e]
kommene Unglück: Androm. 1045 f. διέφα δὲ Φρυγῶν ἀ[ρ]
εὐκάρπους γύας / ἀ χειμέτος σταλάσσων τὸν Ἄιδον φόνον (Hartung:
von den Phrygern herüber zog mordtriefend, schlug [der]
Wettersturm unsere fruchtbare Flur).

Von den mit Sturm und Sturmesnot zusammenhängende[n]
Metaphern findet sich der Übergang von selbst zu den Übertragungen und Bildern, welche von der Schiffahrt genomm[en]
sind. Zunächst ist zu erwähnen

σαλεύω. Von den Tragikern hat das Verbum Sophokl[es]
und der Dichter des Rhesos gebraucht und zwar zunäch[st]
vom Staate, so dass also der Vergleich des im Unglüc[k]
befindlichen Staates mit einem von Sturmesnot umgeben[en]
Schiffe hindurchblickt.

Bei Sophokles findet es sich O. R. 23 f. πόλις — σαλεύ[ει]
χὠνακουφίσαι κάρα / βυθῶν ἔτ' οὐχ οἵα τε φοινίου σάλου (v[gl.]
Rh. 247). Etwas auffallend berührt es uns, dass jenes Verb[um]
auch von einem Menschen gebraucht wird, nämlich von [der]
Elektra, El. 1074 σφόδρας δὲ μοῖρα σαλεύει Ἠλέκτρα [ἐ.]
(Über O. R. 695 vgl. oben unter ἁλίος. Das Substantiv[um]
σάλος lesen wir ebenfalls von dem im Unglück befindlich[en]
Staate, Ant. 163 f. τὰ μὲν πόλεος ἀσφαλῶς θεοὶ / πολλῷ σά[λῳ]
σείσαντες ὤρθωσαν πάλιν.

Bei Euripides findet sich nur das Adjektivum ἀσάλευ[τος,]
welches natürlich das Gegenteil von Unglück bedeutet, [in]
den Bakchen 391.

Darauf haben wir noch einige andere mit der Seefa[hrt]
zusammenhängende Bilder folgen zu lassen. So wird im [ἠς]
der Staat gleichfalls mit einem Schiffe verglichen, das n[ach]
günstigem Winde (von dem stürmischen Meere) in die T[iefe]
gerissen wird (V. 1081 ff.). Bei demselben Dichter in [der]
Elektra sagt Chrysothemis von sich, es scheine ihr gu[t in]
ihrem Unglücke mit eingezogenen Segeln zu fahren (V. [ ]).
— Wird hier der Unglückliche verglichen mit einem S[chiffer,]
der durch Sturm und Wetter, auf wildwogendem Meere[da]
hinfährt, so findet an andern Stellen dieser Unglückliche [die]
Genossen, welche die beschwerliche Fahrt durch das [Meer]
des Unglücks mit ihm machen: Soph. Ant. 540 f. ἀλ[λ']
κακοῖς τοῖς σοῖσιν οὐκ αἰσχύνομαι / ξυμπλοῦς ἑαυτῇ τοῦ [ ]
ποιουμένη. Eur. H. f. 1225 συμπλεῖν τοῖς φίλοισι δυστυχ[οῦ]
Iph. T. 599 f. (Orestes sagt von sich und von seinem tr[euen]
Freunde Pylades:) ὁ ναυστολῶν γὰρ εἰμ' ἐγὼ τὰς συμφ[ορὰς]
οὗτος δὲ συμπλεῖ τῶν ἐμῶν μόχθων χάριν.

Wie unser deutsches Wort „fallen" metaphorisch gebraucht wird, um den jähen Übergang aus Glück in Unglück zu bezeichnen, so findet sich auch

πίπτω πίπτειν bei Sophokles Ant. 1046 ff. πίπτουσι — βροτοί, καὶ πολλὰ δεινὰ κείμαι, αἰσχρ' ὅταν λόγοις αἰσχροῖς καλῶς λέγωσι τοῦ κέρδους χάριν.

Ἕλκος. Dieses Substantivum, welches eigentlich Wunde bedeutet, bezeichnet in übertragener Bedeutung schweres Unglück, Unheil. So gebraucht es Aischylos Ag. 640 πόλει μὲν ἕλκος ἓν τὸ δήμιον u. s. w. und Sophokles Ant. 651 f. τί γὰρ γένοιτ' ἂν ἕλκος μεῖζον ἢ φίλος κακός;

Ζευκτήριον, Joch. Dieses Wort kommt bei Aischylos in einer Stelle vor, wo wir an das Sklavenjoch nicht denken dürfen. Im Agamemnon nämlich erzählt der auftretende Herold, wie Agamemnon Troja mit Hilfe des Zeus zerstört, seine Altäre vernichtet und den Samen des ganzen Landes ausgerottet habe, und fährt dann fort: V. 529 τοιόνδε Τροίᾳ περιβαλὼν ζευκτήριον — ἥκει. Hier haben wir also an ein Joch des Verderbens zu denken (vgl. oben S. 16).

Weitaus am meisten gebrauchten die tragischen Dichter in metaphorischer Bedeutung das Wort

Netz, Schlinge ἄρκυς, δίκτυον, ἀγρεύματα, ἕρκος, βρόχος, βόλος, ἀμφίβληστρον. Schon Homer spricht von Stricken des Verderbens. Z 143 sagt Diomedes zu Glaukos: ἆσσον ἴθ', ὥς κεν θᾶσσον ὀλέθρου πείραθ' ἵκηαι. Hier dürfen wir aber nicht an Stricke denken, die zu einem umschlingenden, verderblichen Netze zusammengefügt sind. Eine solche Annahme wird uns gewehrt durch andere Stellen, an denen obige Verbindung vorkommt, so H 402 ὣς ἤδη Τρώεσσιν ὀλέθρου πείρατ' ἐφῆπται. M 79 εἰ δέ σφιν ὀλέθρου πείρατ' ἐφῆπται. χ 33 ὡς δή σφιν καὶ πᾶσιν ὀλέθρου πείρατ' ἐφῆπτο. Diese Stellen beweisen, dass wir an Seile zu denken haben, mit deren Enden die Unglücklichen gefesselt sind, so dass sie, aller Bewegung beraubt, dem Verderben anheimfallen müssen. Es ist also in diesen Metaphern dasselbe enthalten, was durch die weiter oben (S. 10) behandelten Verba πεδάω und ἰάπτω ausgedrückt wird. Allen Zweifel aber benimmt uns eine Stelle aus der Odyssee, wo von einem Seile des Elends gesprochen wird. τ 288 f. ἔνθα οἱ αἶσα ἐκφυγέειν μέγα πεῖραρ ὀϊζύος, ἥ μιν ἱκάνει.

Für diesen Gebrauch des Begriffes „Netz, Schlinge" finden sich bei Aischylos die meisten Stellen im Agamemnon. V. 355 ff. ruft der Chor, von der Zerstörung Troja's sprechend:

ὦ — νὺξ φιλία, — ἥ τ᾽ ἐπὶ Τροίας πύργοις ἔβαλες | στεγανὸν δίκτυον, ὡς μήτε μέγαν | μήτ᾽ οὖν νεαρῶν τιν᾽ ὑπερτελέσαι | μέγα δουλείας γάγγαμον, ἄτης παναλώτου. Während V. 529 von dem die Stadt Troja vernichtenden Agamemnon gesagt wird, dass er derselben ein (gewaltiges) Joch auferlegt habe, wird hier von der Nacht preisend hervorgehoben, dass sie über die Mauern ein dichtes Netz geworfen, so dass niemand dem Netze der Sklaverei, des alle fangenden Unheils, entkam, d. h unter dem dichten Schleier jener finstern Nacht war es den Griechen möglich alle Trojaner mit dem Netze des Verderbens zu umfangen. — V. 1048 f. sagt der Chor zu Kasandra: ἐντὸς δ᾽ ἂν οὖσα μορσίμων ἀγρευμάτων | πείθοι᾽ ἄν, εἰ πείθοι᾽· ἀπειθοίης δ᾽ ἴσως. Mit dem vom Schicksale bestimmten Fangnetze ist der Tod gemeint, welcher sie von der Hand der Klytaimnestra und ihres Helfershelfers treffen soll. — V. 1114 ff. sieht Kasandra im Geiste das Schicksal des Agamemnon voraus, sie erblickt in ihrer Verzückung das netzartige Gewebe, das über den heimgekehrten König geworfen werden soll, vor sich und ruft aus: ἒ ἒ παπαῖ παπαῖ, τί τόδε φαίνεται; | ἦ δίκτυόν τι Ἅιδου; | ἀλλ᾽ ἄρκυς ἡ ξύνευνος, ἡ ξυναιτία | φόνου. Die Gemahlin des Königs also ist das Netz d. h. das Verderben. — V. 1374 f. sagt Klytaimnestra: πῶς γάρ τις ἐχθροῖς — πημονῆς ἀρκύστατ᾽ ἂν | φάρξειεν, ὕψος κρεῖσσον ἐκπηδήματος; V. 1610 und 1611 sagt Aigisthos, dass er nun gerne sterbe, da er den Agamemnon in den Netzen der Strafe sehe: οὕτω καλὸν δὴ καὶ τὸ κατθανεῖν ἐμοί, | ἰδόντα τοῦτον τῆς δίκης ἐν ἕρκεσιν. Auf das Todesnetz, in welches Agamemnon fiel, wird auch in den Choephoren bezug genommen, wo Orestes dem Chor befiehlt seine Anordnungen geheim zu halten, damit die Mörder seines Vaters in demselben Netze gefangen würden (V. 557 βρόχος). Auch in den Persern ist eine hierher gehörige Stelle enthalten: V. 97 φιλόφρων γὰρ παρασαίνει βροτὸν εἰς ἄρκυας Ἄτα [11]). Endlich in den Eumeniden V. 112 wird der aus dem Tempel von Delphi entwichene Orestes mit einer Hindin verglichen, welche dem Netze entkommen ist, und V. 147 wird er ein Wild genannt, welches aus dem Netze gebrochen ist.

Aus Sophokles sind vier Stellen anzuführen: Ai. 60 εἰσέβαλλον (sc. ἄνδρα) εἰς ἕρκη κακά, worunter wir den Wahnsinn und die daraus entsprungene That zu verstehen haben. El. 838 sagt der Chor: οἶδα γὰρ ἄνακτ᾽ Ἀμφιάρεων χρυσοδέτοις ἕρκεσι κρυφθέντα γυναικῶν. Das „goldene Netz" ist das der Eriphyle zur Bestechung gegebene goldne Halsband. In dem nämlichen **Drama** ruft der beim Anblick der getöteten Klytaimnestra das eigene gleiche Schicksal ahnende Aigisthos aus: (V. 1476) τίνων ποτ᾽ ἀνδρῶν ἐν μέσοις ἀρκυστάτοις πέπτωχ᾽ ὁ τλήμων; Endlich in den Trachinierinnen V. 1051 f. nennt Herakles das ihm übersandte Gewand Ἐρινύων | ὑφαντὸν ἀμφίβληστρον.

Ganz besonders aber hat Euripides diese Übertragung bevorzugt; wir finden dieselbe an nicht weniger als 16 Stellen. Von den Substantiven ist als erstes anzuführen Ἄρκυς, welches sich an 6 Stellen findet. El. 965 sagt Orestes von seiner unbewusst dem Verderben entgegengehenden Mutter: καλῶς ἄρ᾽ ἄρκυν εἰς μέσην πορεύεται. Der nämliche Orestes ruft beim Anblick des mit Blut gefärbten und mit den Waffenstücken der geopferten Fremdlinge geschmückten Tempels im Taurierlande vorwurfsvoll aus (Iph. T. 77): ὦ Φοῖβε, ποῖ μ᾽ αὖ τήνδ᾽ ἐς ἄρκυν ἤγαγες | χρήσας —; — In den Bakchen V. 451 f. sagt Pentheus über den gefesselt vor ihn geführten (aber unerkannten) Dionysos: ἐν ἄρκυσιν γὰρ ὤν | οὐκ ἔστιν οὕτως ὠκὺς ὥστε μ᾽ ἐκφυγεῖν. Med. 1277 f. jammern die unglücklichen **Kinder** der Medea beim Anblick des Schwertes, welches die Mutter gegen sie zückt: ναί, πρὸς θεῶν, ἀρήξατ᾽· ἐν δέοντι γάρ· | ὡς ἐγγὺς ἤδη γ᾽ ἐσμὲν ἀρκύων ξίφους. Ähnlich H. f. 729 βρόχοισι δ᾽ ἀρκύων δεδήσεται | ξιφηφόροισι. Im Kyklops wird die Höhle des Polyphem ebenfalls ein Netz genannt: V. 196 δεινὸν τόδ᾽ εἶπας, ἀρκύων μολεῖν ἔσω. Das von ἄρκυς gebildete Adjektivum ἀρκύστατος ist ebenfalls in Gebrauch, so im Orestes V. 1421, wo der von den Vorgängen im Palaste Bericht erstattende Phryger von Orestes sagt: ἐς ἀρκυστάταν | μηχανὰν ἐμπλέκειν | παῖδα τὰν Τυνδαρίδ᾽. In demselben Drama V. 367, wo der Tod des Agamemnon erwähnt wird, ist bei den Worten λουτροῖσιν ἀλόχου περιπεσὼν πανυστάτοις von Nauck statt des letzten Wortes ἀρκυστάτοις geändert worden; doch hier brauchen wir an eine Übertragung nicht zu denken.

Δίκτυον findet sich an drei Stellen. Phoen. 263 f. spricht der in die Stadt Theben geschlichene Polyneikes die Befürchtung aus, er möchte nicht wieder heil hinauskommen: — δέδοικα μή με δικτύων ἔσω | λαβόντες οὐκ ἐκφρῶσ᾽ ἀναίμακτον χρόα. Or. 1315 wird von der Hermione, welche zu dem im Hause zu vollziehenden Morde kommt, gesagt: στείχει γὰρ εἰσπεσοῦσα δικτύων βρόχους. — Ion 1273 f. wirft Ion der Kreusa vor, dass sie ihn nach Athen habe locken wollen, um ihn dort zu töten, mit den Worten: εἴσω γὰρ ἄν με περιβαλοῦσα δωμάτων | ἄρδην ἂν ἐξέπεμψας εἰς Ἅιδου δόμους. Statt des überlieferten δωμάτων hat Dobree vorgeschlagen δικτύων. Ich kenne die nähere Begründung dieser Konjektur nicht. Das aber dürfte jedem beim ersten Blicke auffallen, dass περιβαλοῦσα mit δωμάτων in keiner Beziehung stehen kann. Fassen wir nun περιβαλοῦσα als für sich allein stehend, so müssen wir ja doch bei dem „Umwerfen" an ein Netz denken. Es ist sonach am einfachsten, statt des entbehrlichen δωμάτων den in περιβαλοῦσα liegenden Begriff (δικτύων) hinzusetzen.

Βρόχος lesen wir an zwei Stellen, in den Bakchen, wo der Chor den Dionysos anruft, dem nahenden Pentheus die Schlinge um den Hals zu werfen (V. 1022) und Andr. 995; hier spricht Orestes von dem Tode, den er dem Sohne des Achilleus bereiten werde: τοία γὰρ αὐτῷ μηχανὴ πεπλεγμένη | βρόχοις ἀκινήτοισιν ἕστηκεν φόνον | πρὸς τῆσδε χειρός.

Ἕρκος ist an einer Stelle gebraucht, und zwar in der Medea, wo von dem bevorstehenden Tode der korinthischen Königstochter die Rede ist: V. 986 f. τοῖον εἰς ἕρκος πεσεῖται | καὶ μοῖραν θανάτου δύστανος.

Βόλος (eig. Fischernetz) findet sich auch an einer Stelle, Bacch. 848 εἰς βόλον καθίσταται. Vgl. auch Rhesos 730 ἴσως γὰρ εἰς βόλον τις ἔρχεται.

Nach diesen Substantiven haben wir die hervorstechendsten Verba und die Bilder zu behandeln, welche gebraucht werden, um die Ausdrücke „vernichten, verderben, in Unglück bringen" zu umschreiben.

Die höchste Wut und leidenschaftlichste Rachsucht wird schon bei Homer in der Weise ausgedrückt, dass der von dieser Wut Befallene nur durch Aufzehren des Fleisches seines Feindes Befriedigung seiner Rache zu finden erklärt. So sagt Zeus zur Hera, dass sie nur dann wohl ihren Zorn beschwichtige, wenn sie, in die Stadt Troja eingedrungen, den Priamos samt seinen Kindern roh verschlungen habe *(Δ 35)*, und Achilleus erklärt dem ihn anflehenden Hektor, **sein** Hass sei so gross, dass er am liebsten sein Fleisch verzehren möchte *(X 347)*, endlich Ω 212 wünscht Hekuba, voll glühenden Hasses gegen Achilleus, den Mörder ihres Sohnes, sie möchte mit ihren Zähnen tief in die Leber desselben einbeissen, um sie zu verzehren.

Auch die tragischen Dichter haben diese Art von Metaphern angewendet. So ist zunächst anzuführen das Verbum δάπτω, bei Aisch. Prom. 898—900 ταρβῶ γὰρ ἀστεργάνορα παρθενίαν | εἰσορῶσ' Ἰοῦς μέγα δαπτομέναν | δυσπλάνοις Ἥρας ἀλατείαις πόνων. Diese Verse lauteten ursprünglich nicht so; μέγα ist eine Verbesserung von Schütz **statt des überlieferten** γάμῳ (von Kirchhoff beibehalten!), der **Laurentianus hat** δυσπλάγχνοις, woraus die Neueren δυσπλάνοις verbessert haben. So hat man denn auch an δαπτομέναν Anstand genommen, und Weil hat jene Lesart in ἀμαλαπτομέναν geändert, eine Vermutung, welche auch Wecklein angenommen hat. Von den Stellen allerdings, wo Aischylos jenes Verbum noch angewendet hat, — Prom. 368 wird es von den Feuerströmen gebraucht, welche „mit wilden Kinnladen" Siziliens Fluren vernichten, Suppl. 70 von dem Zerfleischen der Wange, Prom. 437 von der Sorge, die am Herzen nagt *(ἀννοίᾳ δὲ δάπτομαι κέαρ)*, — kann keine zur Verteidigung desselben an obiger Stelle herbeigezogen werden, und nach dieser Seite muss das Weil'sche Verbum, welches sich nur noch in einem Fragmente des Sophokles bei Hesych findet, vollständig gebilligt werden. Aber im Hinblick auf die homerischen Stellen und auf ähnliche Ausdrücke bei Sophokles und Euripides, welche wir bald zu behandeln haben werden, kann ich mich nicht entschliessen δαπτομέναν zu verwerfen; man muss eben als die **vernichtende Kraft** nicht sowohl die δύσπλανοι ἀλήτειαι, als vielmehr die Hera ansehen: sie sucht in ihrer wilden Rachsucht durch die Irrfahrten die Io vollständig zu vernichten. —

Bei Sophokles und Euripides findet sich in dieser metaphorischen Bedeutung
δαίνυμι. Der erstgenannte Dichter gebraucht dieses Verbum von dem Hades, der, wenn er eine Seele erhält, schmausend dargestellt wird. In der Elektra nämlich macht Klytaimnestra ihrem Gemahle den Vorwurf, dass er allein an der Opferung der Iphigenia schuld gewesen sei; denn Hades habe sich doch wohl nicht mehr nach einem ihrer Kinder gesehnt als nach einem Kinde der Helena (V. 542): ἦ τὸν ἐμὸν Ἅιδης τιν' ἵμερον τέκνων | ἢ τῶν ἐκείνης ἔσχε δαίσασθαι πλέον; Ausserdem lesen wir das Verbum noch frgm. 726 ὁμόβρῳ' ἐδαίσατο | τὸν Ἀστάκειον παῖδα διὰ κάρα τεμών (sc. Τυδεύς). (Von dem fressenden Gifte Trach. 771 und 1088).
— Euripides gebraucht es in den Troerinnen. Hier ruft Andromache, indem sie ihren Sohn, der von der Stadtmauer herab-

gestürzt werden soll, beklagt, den Griechen zu (V. 774 f.): ἀλλ' ἄγετε φέρετε ῥίπτετ', εἰ ῥίπτειν δοκεῖ · | δαίνυσθε τοῦδε (sc. τοῦ τέκνου) σάρκας. — Es finden sich aber noch andere Verba; so Πατέομαι, bei Soph. Ant. 202 ἠθέλησε (sc. Πολυνείκης) δ' αἵματος | κοινοῦ πάσασθαι. Dieser Dichter verwendet in diesem Sinne auch
Γεύομαι, Ai. 844 (Aias fordert die Erinyen auf): γεύεσθε, μὴ φείδεσθε πανδήμου στρατοῦ. — Euripides wendet so auch Ἐμπίπλασθαι an. In der Hekuba macht der von den troischen Frauen geblendete und mit den Händen nach ihnen herumsuchende Polymestor seiner Wut gegen jene Luft in den Worten (V. 1071 ff.): πᾷ πόδ' ἐπᾴξας | σαρκῶν ὀστέων τ' ἐμπλησθῶ, | θοίναν ἀγρίων τιθέμενος θηρῶν (d. h. Τρῳάδων);
Wie die Verba des Essens, Schmausens, so wird auch das Verbum „Trinken d. h. Blut trinken" zur Bezeichnung der höchsten Wut des Vernichtens angewendet. So findet sich Πίνω (ἐκπίνω) bei den drei Tragikern. Aischylos gebraucht es von der Erinye des Mordes Cho. 577 f. φόνον δ' Ἐρινὺς οὐχ ὑπεσπανισμένη | ἄκρατον αἷμα πίεται τρίτην πόσιν.
— Bei Euripides wird der Θάνατος als trinkend bezeichnet in dem Augenblicke, wo er eine Seele erhält: Alk. 844 f. καί νιν (sc. Θάνατον) εὑρήσειν δοκῶ | πίνοντα τύμβον πλησίον προσφαγμάτων. In demselben Sinne wird der abgeschiedene Achilleus angerufen, er solle erscheinen und das Blut der Polyxena — welche ihm geopfert wurde — trinken, Hek. 536 f. ἐλθὲ δ' ὡς πίῃς μέλαν | κόρης ἀκραιφνὲς αἷμ', ὅ σοι δωρούμεθα.
— Doch dieses Verbum wird auch gebraucht von Menschen, die noch unter den Lebenden weilten; so bei Euripides frgm. 688 πίμπρη, κάταιθε σάρκας, ἐμπλήσθητί μου | πίνων κελαινὸν αἷμα. Es sind dieses Worte des Herakles an Syleus, an welchen er verkauft worden war, und er erklärt damit, jener dürfe mit ihm anfangen, was er wolle, ihn vollständig vernichten, niemals werde er ihn soweit bringen, dass er ihm als seinem Herrn ein schmeichelndes Wort sage. Bei Sophokles finden sich zwei derartige Stellen, wo uns der Vergleich mit einer Schlange entgegentritt: Ant. 531 f. (Kreon sagt zur Ismene:) σὺ δ', ἣ κατ' οἴκους ὡς ἔχιδν' ὑφειμένη | λήθουσά μ' ἐξέπινες. Ähnliches sagt Klytaimnestra von der Elektra El. 784 f. ἥδε γὰρ μείζων βλάβη | ξύνοικος ἦν μοι, τοὐμὸν ἐκπίνουσ' ἀεὶ | ψυχῆς ἄκρατον αἷμα.

Ein von der Malerei hergenommenes Verbum ist
Ἐξαλείφω, eig. etwas Gemaltes auswischen, welches gleichfalls für vernichten gebraucht wird. Bei Aischylos

findet es sich an zwei Stellen: Sept. 14 f. πόλει τ᾽ ἀρήγειν — sc. ἡμᾶς χρὴ — καὶ θεῶν ἐγχωρίων | βωμοῖσι, τιμὰς μὴ ξαλειφθῆναί ποτε, und Cho. 503 καὶ μὴ 'ξαλείψῃς σπέρμα Πελοπιδῶν τόδε. Also ruft Orestes seinen Vater an; mit σπέρμα Πελ. meint er sich und seine Schwester Elektra; hier wird das Verbum also auch von Personen gebraucht, wie bei **Euripides** an zwei Stellen.

Letzterer Dichter hat das Verbum an fünf Stellen. Iph. A. 1484 ff. ruft Iphigenia: ὡς ἐμοῖσιν, εἰ χρεών, | αἵματι θύμασίν τε | θεσφατ᾽ ἐξαλείψω. Iph. T. 697 f. sagt Orestes zu seinem Freunde Pylades, dem er seine Schwester als Gattin zu geben verspricht: ὄνομά τ᾽ ἐμοῦ γένοιτ᾽ ἄν, οὐδ᾽ ἄπαις δόμος | πατρῷος οὑμὸς ἐξαλειφθείη ποτ᾽ ἄν. Das Medium findet sich Hek. 590 καὶ νῦν τὸ σὸν μὲν ὥστε μὴ στένειν πάθος | οὐκ ἂν δυναίμην ἐξαλείψασθαι φρενός. — Auf Personen bezieht es sich an folgenden zwei Stellen: Hipp. 1240 f. (Hippolytos ruft seinen scheu gewordenen Rossen zu:) στῆτ᾽, ὦ φάτναισι ταῖς ἐμαῖς τεθραμμέναι, | μή μ᾽ ἐξαλείψητ᾽. An der zweiten Stelle tritt der zwischen jenem Verbum und der Malerei bestehende Zusammenhang aufs klarste hervor; in der Helena (V. 262 f.) ruft die Gemahlin des Menelaos in einer Anwandlung von Reue: εἴθ᾽ ἐξαλειφθεῖσ᾽ ὡς ἄγαλμ᾽ αὖθις πάλιν | αἴσχιον εἶδος ἀντὶ τοῦ καλοῦ ἔλαβον. Vgl. auch Hek. 807 ὡς γραφεύς[12]) τ᾽ ἀποσταθεὶς | ἰδοῦ με κἀνάθρησον οἷ᾽ ἔχω κακά.

Das Verderben wird ferner in der Weise ausgedrückt, dass von einem Dämon oder von dem Geschicke gesagt wird, es stürme gegen jemand oder es springe auf das Haupt jemandes. Diese Bilder finden sich bei Aischylos und Sophokles. Ersterer gebraucht die Verba

Ἐνάλλομαι und ἐμπηδᾶν. Beide lesen wir in den Persern, ersteres V. 516 ὦ δυσπόνητε δαῖμον, ὡς ἄγαν βαρὺς | ποδοῖν ἐνήλλου παντὶ Περσικῷ γένει, letzteres V. 911 ὡς ὠμοφρόνως δαίμων ἐνέβη | Περσῶν γενεᾷ.

Sophokles weist ἐνάλλομαι an zwei Stellen auf, und zwar im O. R. 263 νῦν δ᾽ ἐς τὸ κείνου κρᾶτ᾽ ἐνήλαθ᾽ ἡ τύχη, und V. 1311 φοράδην, ὦ δαῖμον, ἐνήλω. Ausserdem hat dieser Dichter angewendet εἰσάλλομαι (Ant. 1345 f. τὰ δ᾽ ἐπὶ κρατί μοι | πότμος δυσκόμιστος εἰσήλατο), ἐμπαίω (Ant. 1272 f. ἐν δ᾽ ἐμῷ κάρᾳ | τότε θεὸς ἄρα μέγα βάρος ἔχων | ἔπαισεν) und ἐπεμβῆναι (El. 456 αὐτὸν — παῖδ᾽ Ὀρέστην — ἐχθροῖσιν — ζῶντ᾽ ἐπεμβῆναι ποδί, ib. 836 ἐπεμβαίνειν κατά τινος). Hierher gehört auch die Stelle O. R. 1300 ff. τίς ὁ πηδήσας | μείζονα (sc. πηδήματα) δαίμων τῶν μακίστων | πρὸς σῇ δυσδαίμονι μοίρᾳ;

An andern Stellen wird irgend eine Gottheit mit einem Werkzeuge ausgerüstet, um zu züchtigen und zu strafen. Als erstes Werkzeug führen wir an

Μάστιξ. Dieses findet sich schon bei Homer. Wir lesen nämlich M 37 f. Ἀργεῖοι δὲ Διὸς μάστιγι δαμέντες | νηυσὶν ἐπὶ γλαφυρῇσιν ἐελμένοι ἰσχανόωντο, und N 812 ἀλλὰ Διὸς μάστιγι κακῇ ἐδάμημεν Ἀχαιοί. Von den Tragikern hat diesen Gebrauch nur Aischylos nachgeahmt, und zwar an drei Stellen: Prom. 681 f. οἰστροπλὴξ δ' ἐγὼ | μάστιγι θείᾳ γῆν πρὸ τῆς ἐλαύνομαι. Sept. 607; Eteokles führt hier einen Vergleich durch: Amphiaraos wird trotz seiner Frömmigkeit in den Hades mit hinabgerissen werden, weil er sich mit frechen, gottlosen Männern verbunden hat, gleich wie ein frommer Mann, der mit Gottlosen ein Schiff besteigt, samt diesen zu grunde geht und wie ein gerechter Bürger mit den Mitbürgern, welche die Gastfreundschaft hassen und der Götter nicht gedenken, von der Geissel des Gottes, welche alle trifft, getroffen, vernichtet wird (πληγὰς θεοῦ μάστιγι παγκοίνῳ δάμη). Die dritte Stelle lesen wir Ag. 641 f. πολλοὺς — ἐξαισθέντας δόμων | ἄνδρας διπλῇ μάστιγι, τὴν Ἄρης φιλεῖ, | δίλογχον ἄτην, φοινίαν ξυνωρίδα. Unter „der Doppelgeissel, welche Ares liebt, dem doppellanzigen Unheil, dem Doppelwerk des Todes" haben wir den Krieg zu verstehen, der viele Männer vernichtet und damit den Staat getroffen hat.

Ein weiteres Werkzeug ist

Μάκελλα, die Hacke, bei Aischylos Ag. 524 ff. ἀλλ' εὖ νιν (sc. Ἀγαμέμνονα) ἀσπάσασθε, καὶ γὰρ οὖν πρέπει, | Τροίαν κατασκάψαντα τοῦ δικηφόρου | Διὸς μακέλλῃ, ᾗ κατείργασται πέδον. Wie man mit einer Hacke den Boden aufwühlt, so hat Agamemnon mit Hilfe d. h. nach dem Ratschlusse des richtenden Zeus Troja zerstört, den Boden zerarbeitet. (Vgl. Enger zu dieser Stelle.) — Bei Sophokles findet sich

Κοπίς, das Schlachtmesser. Ant. 599 ff. νῦν γὰρ ἐσχάτας ὑπὲρ | ῥίζας ὃ τέτατο φάος ἐν Οἰδίπου δόμοις | κατ' αὖ νιν φοινία θεῶν τῶν | νερτέρων ἀμᾷ κοπίς, [13] | λόγου τ' ἄνοια καὶ φρενῶν ἐρινύς. Antigone und Ismene werden hier das Licht genannt, das über dem letzten Reste des Hauses ausgebreitet war und nun von den unterirdischen Göttern hinweg gemäht wird. Anderwärts haben die unterirdischen Götter ein ξίφος, so der Θάνατος bei Euripides in der Alkestis V. 74, und Or. 1398 wird von den „eisernen Schwertern des Hades" gesprochen.

Das stärkste Werkzeug gebraucht Euripides, nämlich

'Ρόπτρον. Keule, im Hippolytos. Theseus fragt den Boten nach der Todesart seines Sohnes, „in welcher Weise jener, der an ihm gefrevelt, die Keule der Vergeltung getroffen habe", V. 1171 f.: τῷ τρόπῳ δίκης | ἔπαισεν αὐτὸν ῥόπτρον αἰσχύνατ᾽ ἐμέ; Jenes Wort passt vortrefflich für unsere Stelle; es kommt dadurch der Hass und die Empörung des Theseus gegen seinen Sohn so recht zum Ausdruck: für seinen ungeheuren Frevel muss er auch in ungeheuerlicher Weise bestraft, wie ein gemeiner Verbrecher mit der Keule erschlagen werden.

Oben unter κοπίς haben wir das Verbum καταμάω in metaphorischer Bedeutung für vernichten kennen gelernt. Der nämliche Dichter gebraucht in demselben Sinne noch ἐξαμάω, Ai. 1177 ff. ἐκπέσοι χθονός, | γένους ἅπαντος ῥίζαν ἐξημημένος, | οὕτως ὅπωσπερ τόνδ᾽ ἐγὼ τέμνω πλόκον. — Bei Aischylos ist im 94. Fragmente, wo von Ares die Rede ist, durch Konjektur hergestellt: ἀλλ᾽ Ἄρης φιλεῖ | τὰ λῷστα πάντως ἐξαμᾶν στρατοῦ. — An den andern Stellen, wo ἀμάω (resp. Composita) in übertragener Bedeutung gebraucht wird, herrscht die Bedeutung ernten vor. — Aus demselben Kreise wird noch ein anderes Verbum für vernichten, verderben gebraucht, nämlich

Θερίζω. Von Sophokles wird dieses Verbum von dem Abschneiden des Widderkopfes und der Zunge (Ai. 239) und von Euripides von dem Abmähen der Hälse und Köpfe der Feinde gebraucht (Suppl. 717). Aus Aischylos sind zwei Stellen anzuführen: Suppl. 636 Ἄρη, τὸν ἀρότοις θερίζοντα βροτοὺς ἐν ἄλλοις, und Ag. 536 Πάρις αὐτόχθονον πατρῷον ἔθρισεν δόμον.

Ἀπολοπίζω (Blüten abpflücken) findet sich in einem Bilde bei Euripides Suppl. 448 f. ὅταν τις ὡς λειμῶνος ἠρινοῦ στάχυν | τόλμας ἀφαιρῇ κἀπολοπίζῃ νέους. — Hier schliessen sich von selbst zwei Bilder an mit

Ἄνθος. Bei Aischylos lesen wir Suppl. 663 ff. ἥβας δ᾽ ἄνθος ἄδρεπτον [11]) | ἔστω μηδ᾽ Ἀφροδίτας | εὐνάτωρ βροτολοιγὸς Ἄρης κέρσειεν ἄωτον. Hier haben wir, um einen Gedanken auszudrücken, zwei Bilder: die Blüte der Jugend soll ungepflückt sein, Ares soll das Herrlichste nicht hinmähen. — Bei Euripides wird ἄνθος mit ἀποκείρω verbunden, H. f. 875 ἀποκείρεται | σὸν ἄνθος πόλεος, ὁ Διὸς ἔκγονος.

In der Einleitung habe ich eine Stelle aus der Elektra des Sophokles angeführt, wo Elektra in bitterer Ironie ihr nächtliches Jammern und Klagen ihre Nachtfeier nennt (V. 92). In demselben Drama legt der Dichter gleichfalls der

Elektra eine beissende, sarkastische Metapher in den Mund, eine Übertragung des Verbums
Ξενίζω, V. 95 f. (θερμῷ πατέρ᾽) ὃν κατὰ μὲν βάρβαρον αἶαν / φοίνιος Ἄρης οὐκ ἐξένισεν, μήτηρ δ᾽ ἡμὴ χὠ κοινολεχὴς / Αἴγισθος σχίζουσι κάρα. Ares — dessen Gastgeschenke Tod und Wunden sind — hat den Agamemnon nicht zu Gast geladen, also heil entlassen; in seinem eigenen Hause aber wurde jener von seiner Gemahlin bewirtet, und als Gastgeschenk ward ihm der Tod. Vgl. Eur. Hel. 480 ἢν δὲ δεσπότης λάβῃ σε, ϑάνατος ξένιά σοι γενήσεται. Vgl. auch Schneidewin zu d. St. des Sophokles.

Zum Schlusse dieses Abschnitts haben wir noch einige Verba und Ausdrücke des Aischylos zu besprechen.

Xerxes, der durch seinen unglücklichen Feldzug gegen Griechenland ein grosses Heer vernichtet und so viele in den Hades hinabgesandt hat, wird „Vollstopfer des Hades mit Persern" genannt (Pers. 924 Ξέρξᾳ — Ἄιδου σάκτορι Περσᾶν).

— In dem nämlichen Drama wird von dem durch jenen Feldzug entvölkerten und in grosses Unglück und gewaltige Trauer versetzten Asien gesagt, „es sei schrecklich auf das Knie gesunken" (V. 929 Ἀσία δὲ χϑὼν — αἰνῶς αἰνῶς ἐπὶ γόνυ κέκλιται). Ein Bild von einer für uns geradezu harten Kühnheit finden wir gleichfalls in den Persern V. 162 f. (die Königin Atossa spricht:) οὐδαμῶς — ἀδείμαντος, μὴ μέγας πλοῦτος κονίσας οὖδας ἀντρέψῃ ποδὶ / ὄλβον. Die Königin war also immer in Furcht, es möchte der grosse Reichtum den Boden (des Hauses) bestäuben — d. h. das Haus umstürzen — **und** so das **Glück** (den Glückstand) mit dem Fusse umstossen d. h. vernichten. An den Gott des Reichtums dürfen wir bei πλοῦτος nicht denken. Der Sinn kann vielmehr nur **der** sein: die Königin fürchtete, es möchte der gewaltige aufgehäufte Reichtum und die darauf sich stützende Macht des persischen Königsgeschlechtes den Neid der Götter [15] erregen und so die Zerstörung des ganzen Glücksstandes veranlassen. Wovon also der πλοῦτος indirekt Urheber ist, das wird in einer kühnen, echt aischyleischen Personifikation direkt von ihm ausgesagt.

Endlich ist noch ein Verbum zu erwähnen, welches nur bei Aischylos und auch blos in einem Drama — in den Eumeniden — an drei Stellen metaphorisch gebraucht wird, nämlich

Καθιππάζομαι, eig. niederreiten, übertr. unter Hohn und **mit Übermut vernichten.** Jene drei Stellen aber sind: V. 150

ὦ παῖ Διός — νέος δὲ γραίας δαίμονας καθιππάσω, V. 731 — καθιππάζει με πρεσβῦτιν νέος, und V. 778 f. ἰὼ θεοὶ νεώτεροι, παλαιοὺς νόμους | καθιππάσασθε. An den drei Stellen gebraucht das Verbum der Chor der Eumeniden und schleudert den in demselben enthaltenen Vorwurf gegen Apollon resp. gegen die neuen Götter, welche damit beschuldigt werden, dass sie die Eumeniden, die Repräsentantinnen des alten Göttergeschlechtes, ihrer uralten Rechte berauben wollten.

III. Über die Art und Weise, wie bei den Tragikern die Grösse und Menge des Unglücks ausgedrückt wird.

Bevor ich mich zu den tragischen Dichtern wende, habe ich einige wenige Stellen aus Homer anzuführen, an denen die Menge des Unglücks gleichfalls metaphorisch umschrieben wird. So lesen wir A 116 f. ἐκ δ' ἕλει [sc. Πάνδαρος] ἰὸν | ἀβλῆτα πτερόεντα, μελαινέων ἕρμ' ὀδυνάων, „er nahm einen Pfeil heraus, ein Gereihe schwarzer Schmerzen," also einen Pfeil, an welchem in langer Kette schwarze Schmerzen hingen. Der Dichter weist damit hin auf die Menge des Unglücks und der Not, welche die auf den Vertragsbruch folgenden Kämpfe brachten. (Über ἕρμα vgl. Ameis-Hentze im Anhang zu dieser Stelle.) Η 111 wird die Grösse der Not, welche den Aias umdrängte, also bezeichnet: πάντῃ δὲ κακὸν κακῷ ἐστήρικτο, Unglück drängte sich an Unglück. Dieses Verbum (στηρίζω) wird uns auch bei Euripides begegnen. Als dritte Stelle ist endlich noch anzuführen T 290, wo die Briseis klagt: ὥς μοι δέχεται κακὸν ἐκ κακοῦ αἰεί, ein Unglück löst mir das andere ab.

Die Tragiker bedienen sich verschiedener Mittel, um die Menge zu bezeichnen. Ein Mittel besteht darin, dass sie, ohne Zuhilfenahme bildlicher Ausdrucksweise, das Unglück zu sich selbst in Beziehung setzen, das betreffende Wort durch einen Komparativ mit sich vergleichen; z. B. Aisch. Ag. 864 f. κακοῦ | κάκιον ἄλλο πῆμα. Soph. Ant. 1281 τί δ' ἔστιν; ἦ κάκιον αὖ κακῶν ἔτι; Eur. Hek. 232 f. οὐδ' ὤλεσέν με Ζεύς, τρέφει δ', ὅπως ὁρῶ | κακῶν κάκ' ἄλλα μείζον' ἡ τάλαιν' ἐγώ. — Eine zweite Art besteht darin, dass sie das Substantivum, welches das Unglück bezeichnet, im Dativ wiederholen (wie wir auch sagen: „Unglück auf Unglück"); z. B. Soph. El. 235 μὴ τίκτειν σ' ἄταν ἄταις. Eur. Or.

1255 f. φόβος μ' ἔχει μή τις — πήματα πήμασιν ἐξέρῃ.
Am beliebtesten war ihnen natürlich die bildliche Ausdrucksweise, zu deren Besprechung wir jetzt überzugehen haben.

Den drei Tragikern gemeinsam und besonders häufig sind die zu diesem Zwecke vom Meere hergenommenen Metaphern und Bilder. In erster Linie ist anzuführen das Wort πέλαγος. Von den Substantiven für „Meer" wird **nur** dieses metaphorisch gebraucht, um die Menge des Unglücks zu bezeichnen. Und es ist dieses sehr leicht erklärlich: πέλαγος bezeichnet vorzugsweise das „wogende Meer", eignete sich also ganz besonders — neben κῦμα, κλύδων, Woge — zur Umschreibung des ununterbrochen hereinbrechenden Unglücks. Von den andern Substantiven kommt θάλασσα nur in einem Vergleiche in Verbindung mit κῦμα vor.

Aischylos hat πέλαγος an folgenden Stellen angewendet: Pers. 433 αἰαῖ, κακῶν δὴ πέλαγος ἔρρωγεν μέγα. Prom. 746 δυσχείμερόν γε πέλαγος ἀτηρᾶς δύης. In einem ausgeführten Bilde lesen wir es Suppl. 470 f. ἄτης δ' ἄβυσσον πέλαγος οὐ μάλ' εὔπορον | τόδ' ἐισβέβηκα, κοὐδαμοῦ λιμὴν κακῶν.

Bei Sophokles bezeichnet πέλαγος allein, ohne dass es mit κακῶν oder einem ähnlichen Genetiv verbunden ist, die Menge des Unglücks; O. C. 1746 sagt der Chor zu den beiden unglücklichen Schwestern: μέγ' ἄρα πέλαγος ἐλάχετον α. (Vgl. O. C. 663, wo πέλαγος gebraucht wird, um die Menge der Schwierigkeiten auf der Reise zu bezeichnen.)

Euripides **weist** das Wort an folgenden Stellen auf: H. f. 1086 f. ὦ Ζεῦ, τί παῖδ' ἤχθηρας ὧδ' ὑπερκότως | τὸν σόν, κακῶν δὲ πέλαγος εἰς τόδ' ἤγαγες; Suppl. 824 f. ἴδετε κακῶν πέλαγος, ὦ | ματέρες τάλαιναι τέκνων. Ein weiter ausgeführtes Bild findet sich Hipp. 822 ff. κακῶν δ' ὦ τάλας πέλαγος εἰσορῶ | τοσοῦτον ὥστε μήποτ' ἐκνεῦσαι πάλιν | μήδ' ἐκπερᾶσαι κῦμα τῆσδε συμφορᾶς. — Diese Stelle, welche πέλαγος und κῦμα neben einander aufweist, führt uns hinüber zu den Metaphern von

Κῦμα, κλύδων, τρικυμία. Das letzte Substantivum, welches ursprünglich die dritte, regelmässig wiederkehrende Woge bezeichnet und, da diese die grösste zu sein pflegt, zur Bezeichnung einer Riesenwoge dient, findet sich in diesem metaphorischen Gebrauche nur bei Aischylos: Prom. 1015 f. σκέψαι — οἷός σε χειμὼν καὶ κακῶν τρικυμία | ἔπεισ' ἄφυκτος. (Vgl. Wecklein zu d. St., bes. auch über τρικυμία.) Weiter ist anzuführen Sept. 758 ff., wo das Unglück, welches durch die Verblendung des Laios und seines Sohnes Oidipus über deren

Haus und über den Staat kam, **also** geschildert wird: κακῶν δ' ὥσπερ θάλασσα κῦμ' ἄγει (sc. παράνοια)· | τὸ μὲν πίτνον, ἄλλο δ' ἀείρει | τρίχαλον, ὃ καὶ περὶ πρύμναν πόλεως καχλάζει. Das Adjektivum τρίχαλον (dreifach gespalten) erinnert uns an τριχυΐα. Endlich ist noch eine Stelle **aus** dem Prometheus anzuführen, welche uns wiederum Gelegenheit bietet, die aischyleische Kühnheit zu bewundern; diese Stelle findet sich V. 885 f. θολεροὶ δὲ λόγοι παίουσ' εἰκῆ | στυγνῆς πρὸς κύμασιν ἄτης. „Wie die wogenden Wellen des Meeres den Schlamm bald dahin bald dorthin führen, so werden die an die Wogen des Irrsinns schlagenden Reden von denselben plan- und ordnungslos herumgetrieben und können keine bestimmte Bahn und Ordnung finden." (Wecklein.) — Auch ein Adjektivum von κῦμα — resp. von κυμαίνω — hat der Dichter gebildet, δυσκύμαντος, Ag. 653 δυσκύμαντα — κακά. — Κλύδων lesen wir Pers. 599 ὅταν κλύδων κακῶν ἐπέλθῃ.

Aus Sophokles sind zwei Stellen anzuführen; κῦμα findet sich Ai. 351 (der unglückliche Held schildert das Unheil, welches durch den über ihn gekommenen Wahnsinnssturm veranlasst wurde, mit den Worten:) ἴδεσθέ μ' οἷον ἄρτι κῦμα φοινίας ὑπὸ ζάλης | ἀμφίδρομον κυκλεῖται. Das Substantivum κλύδων begegnet uns O. R. 1526 λεύσσει' — εἰς ὅσον κλύδωνά δεινῆς συμφορᾶς ἐλήλυθεν (sc. Οἰδίπους).

Bei Euripides findet sich κῦμα in mehr oder weniger ausgeführten Bildern. Das erste derartige Bild lesen wir Ion 927—930 κακῶν γὰρ ἄρτι κῦμ' ὑπεξαντλῶν φρενὶ, | πρύμνηθεν αἴρει μ' ἄλλο σῶν λόγων ὕπο, | οὓς ἐκβαλοῦσα τῶν παρεστώτων κακῶν | μετῆλθες ἄλλων πημάτων καινὰς ὁδούς. — Ein anderes, nicht so weit ausgeführtes Bild finden wir im Orestes V. 279, welche Stelle bekanntlich den Schauspieler Hegelochos [16]) zu fall brachte: ἐκ κυμάτων γὰρ αὖθις αὖ γαλήν' ὁρῶ. Es sind dieses Worte des Orestes, welche er bei seinem Erwachen aus einem Wahnsinnsanfalle spricht. — Hierher gehört auch Suppl. 473 ff. κἂν μὲν πίθῃ μοι, κυμάτων ἄτερ πόλιν | σὴν ναυστολήσεις, εἰ δὲ μή, πολὺς κλύδων | ἡμῖν τε καὶ σοὶ συμμάχοις τ' ἔσται δορός. — Von κῦμα finden sich auch zwei Adjektiva: ἄκυμος (H. f. 698 ἄκυμον | θῆκεν [sc. Ἡρακλῆς] βίοτον βροτοῖς | πέρσας δείματα θηρῶν) und μετακύμιος (Alk. 91 f. εἰ γὰρ μετακύμιος ἄτας, | ὦ Παιάν, φανείης). — Κλύδων findet sich Med. 362 f. ὡς εἰς ἄπορόν σε κλύδωνα θεός, | Μήδεια, κακῶν ἐπόρευσε.

An das Meer haben wir jedenfalls auch zu denken, wenn wir das Wort

Βάθος zu diesem Zwecke übertragen finden. Dasselbe begegnet uns bei Aischylos an zwei Stellen in den Persern: V. 465 Ξέρξης δ' ἀνώμωξεν κακῶν ὁρῶν βάθος, und V. 712 νῦν τί σε ζηλῶ θανόντα, πρὶν κακῶν ἰδεῖν βάθος. — Hieran schliesst sich am besten an
Ἐπιρροή, Zufluss, bei Euripides Andr. 349 κακῶν τοσούτων ο᾽χ ὁρᾷς ἐπιρροάς;
Ποταμός. Dieses Wort findet sich nur in einem Vergleiche bei Aisch. Suppl. 469 κακῶν δὲ πλῆθος ποταμὸς ὣς ἐπέρχεται. (An dieser Stelle, V. 468—471, ist besonders auf die Häufung der Bilder zur Bezeichnung der Menge des Unglücks zu achten.) Ausserdem findet sich ποταμός weder in einem Vergleiche noch metaphorisch in einer von uns zu berücksichtigenden Verbindung. Doch müssen wir hier eine Stelle aus Sophokles anführen, wo der Dichter, um die ungeheure Menge **der Greuel** im Labdakidenhause zu bezeichnen, den ἐξάγγελος sagen lässt, dass weder der Ister- noch der Phasisstrom die Greuel wegzuspülen vermöchte: O. R. 1227 ff. οἶμαι γὰρ οὔτ᾽ ἂν Ἴστρον οὔτε Φᾶσιν ἂν | νίψαι καθαρμῷ τήνδε τὴν στέγην, ὅσα | κεύθει, τὰ δ᾽ αὐτίκ᾽ ἐς τὸ φῶς φανεῖ κακὰ | ἑκόντα κοὐκ ἄκοντα. — In ganz anderer, aber ähnlich hyperbolischer Weise drückt sich Aischylos aus Pers. 429 f. κακῶν δὲ πλῆθος, οὐδ᾽ ἂν εἰ δέκ᾽ ἤματα | στοιχηγοροίην, οὐκ ἂν ἐκπλήσαιμί σοι.

Πηγή. Dieses Substantivum hat Aischylos angewendet Pers. 743 νῦν κακῶν ἔοικε πηγὴ πᾶσιν ηὑρῆσθαι φίλοις. — In dem nämlichen Drama lesen wir V. 814 f. κοὐδέπω κακῶν | κρηπὶς ὕπεστιν, ἀλλ᾽ ἔτ᾽ ἐκπαιδεύεται. Das letzte Wort ist eine Konjektur von Schütz; handschriftlich ist ἐκπαιδεύεται überliefert, was in dem betreffenden Scholion durch αὔξεται erklärt wird. Doch in diesem Sinne oder in ähnlichem metaphorischen Gebrauche findet sich ἐκπαιδεύω (bei den Tragikern wenigstens) nicht; sollte ein derartiger Begriff hier ausgedrückt werden, so wäre etwa τρέφω, ἐκτρέφω (ἐκτροφεύεται) passend. Doch um ein Wachsen, Zunehmen des Unglücks handelt es sich, wie der Zusammenhang ergiebt, hier nicht. Dareios meint, dass mit der Niederlage bei Salamis das Unglück noch nicht erschöpft sei, dass noch weiteres Unglück nachkomme (Schlacht bei Plataeae, V. 816 ff.). Dieser Gedanke aber wird durch die Verbesserung von Schütz in vollkommen entsprechender Weise ausgedrückt. Wir haben bei obigem Bilde an einen Brunnen zu denken: wie man einem Brunnen, der durch eine Quelle gespeist wird, nicht auf den Grund kommen kann, da immer neues Wasser hervorsprudelt, so ist das Unglück noch nicht erschöpft, da noch weiteres hereinbrechen wird. Θριγκός, θριγκόω. Θριγκός — eig. Mauerkranz — findet sich von Euripides angewendet, um, mit κακῶν verbunden, das höchste Unglück zu bezeichnen, und zwar in den Troerinnen V. 489 f.: τὸ λοίσθιον δὲ θριγκὸς ἀθλίων κακῶν, / δοίλη γυνὴ γραῦς Ἑλλάδ' εἰσαφίξομαι. — Das Verbum θριγκόω, eig. den Mauerkranz aufsetzen, dann bei irgend einem Gegenstande den obersten Rand aufsetzen, etwas krönen, — vgl. Homer ξ 10 — wird in Verbindung mit Wörtern des Unglücks metaphorisch gebraucht in der Bedeutung: „das Unglück bis auf den höchsten Gipfel steigern oder etwas mit Unglück bis obenhin erfüllen". Dasselbe findet sich bei Aischylos und Euripides an je einer Stelle: Aisch. Ag. 1282 f. φυγὰς δ' ἀλήτης τῆσδε γῆς ἀπόξενος / κάτεισιν, ἄτας τάσδε θριγκώσων φίλοις, Eur. H. f. 1279 f. τὸ λοίσθιον δὲ τόνδ' ἔτλην τάλας φόνον / παιδοκτονήσας δῶμα θριγκῶσαι κακοῖς.

Wir wenden uns jetzt zu einigen Stellen, an welchen Verba, welche ihrer Grundbedeutung nach nur Erfreuliches, Beglückendes bezeichnen, metaphorisch gebraucht sind, um die Menge und Stärke des Unglücks anzugeben, also dass eine Art Oxymora entstehen. Solche Wörter sind Ἀνθέω (ἄνθος), θάλλω. Diese Wörter finden sich zunächst natürlich in Verbindungen, zu denen sie wegen des in ihnen liegenden Begriffes als vollkommen passend erscheinen; z. B. bei Aisch. Suppl. 857 ζώπυρον αἷμα βροτοῖσι θάλλει, bei Soph. Phil. 419 f. ἀλλὰ καὶ μέγα / θάλλοντές εἰσι νῦν ἐν Ἀργείων στρατῷ (= mächtig, angesehen), bei Eurip. Hek. 1210 Ἕκτορός τ' ἤνθει δόρυ. Wir finden sie aber auch mit Wörtern verbunden, mit welchen sie nach ihrer Grundbedeutung keine Verwandtschaft haben; so Aisch. Ag. 659 ὁρῶμεν ἀνθοῦν πέλαγος Αἰγαῖον νεκροῖς. Soph. Phil. 258 f. ἡ δ' ἐμὴ νόσος / ἀεὶ τέθηλε κἀπὶ μεῖζον ἔρχεται, Trach. 1000 μανίας ἄνθος. Eur. Iph. T. 300 ὥστ' αἱματηρὸν πέλαγος ἐξανθεῖν ἁλός, und frgm. 232 ἔτι γὰρ θάλλει πενία. An vier Stellen — an dreien bei Aischylos und einer bei Sophokles — finden wir eine Verbindung obiger Wörter mit Not und Unglück. Bei Aischylos lesen wir Ag. 1141 ff. ἀμφὶ δ' αὐτᾶς θροεῖς / νόμον ἄνομον, οἷά τις ξουθὰ / — Ἴτυν Ἴτυν στένουσ' ἀμφιθαλῆ κακοῖς ἀηδὼν βίον. Hier also wird die wehrufende Kasandra mit der Nachtigall verglichen, welche klagt „über ihr von Unglück umblühtes Leben". — Das Verbum ἀνθεῖν lesen wir in den Choephoren V. 1009 μίμνοντι (Schütz δράσαντι) δὲ καὶ πάθος ἀνθεῖ. In den Sieben gegen Theben finden wir das Verbum ἐπανθίζω, V. 951 ἰὼ πολλοῖς ἐπανθίσαντες¹²) πόνοισι γενεάν (sc. ἀδελφοί). Von den Brüdern also (Eteokles und Polyneikes) wird gesagt, dass sie ihr Geschlecht mit Leiden umkränzt d. h. durch ihren Doppelmord den grössten Frevel von allen im Labdakidenhause forterbenden Greueln verübt hätten. — Sophokles wendet θάλλω an El. 260 πήματα — ἐγὼ — θάλλοντα μᾶλλον ἢ καταφθίνονθ' ὁρῶ. —

Bei diesem Dichter findet sich noch Ἐμπρέπω, welches, mit einem Substantivum des Unglücks verbunden, gleichfalls eine Art Oxymoron bildet. Dasselbe begegnet uns El. 1187: ὁρῶν σε πολλοῖς ἐμπρέπουσαν ἄλγεσιν. (Worte des Orestes an Elektra.)

Von den Metaphern und Bildern, welche wir noch zu behandeln haben, findet sich keines bei den drei Tragikern oder bei zweien zugleich, so dass es am besten sein dürfte, dieselben nach den Namen der Dichter zusammenzustellen.

Aus Aischylos haben wir noch fünf Stellen anzuführen. In der nächsten, welche wir behandeln wollen, spielt das Substantivum

Τόξον eine Rolle. In den Choephoren (V. 1021 ff.) verteidigt sich Orestes dem Chore gegenüber, dass er den Mord mit einem gewissen Rechte begangen habe, dass, wenn der Mord strafbar wäre, nicht er, sondern Apollon die Schuld trüge; denn jener Gott habe ihn angespornt und gesagt, er werde ohne Schuld und Strafe ausgehen; der nämliche Gott habe ihm auch, wenn er den Mord nicht ausführe, grosses Leid angedroht. Die Grösse dieses angedrohten Unglücks wird bezeichnet durch die Worte (V. 1033): τόξῳ γὰρ οὔτις πημάτων προσίξεται. Dieser Vers enthält manches Bedenkliche und Verdächtige. Zunächst erregt die Konstruktion des Verbums προσικνέομαι, welches hier mit dem Genetiv verbunden ist, gerechtes Bedenken. Sodann scheint mir das Futurum verdächtig, welches hier an einer Stelle gebraucht ist, wo nur von etwas Möglichem, Angenommenem die Rede ist, wo man also einen Potentialis erwartet. Das erste Bedenken hat Schütz dadurch zu heben gesucht, dass er ἐφίξεται — dem Scholion zu dieser Stelle entnommen — statt προσίξεται setzte. In seiner Ausgabe von 1808 erklärt er τόξον als coniectura (!) und den ganzen Vers mit den Worten: nam coniectura quidem nemo earum (nämlich poenarum) atrocitatem assequatur. Von dieser ganzen Erklärung ist, wie jeder sieht, auch nicht ein Wort in dem betreffenden Verse enthalten.

Aber auch ἐφίξεται genügt nicht. Denn alsdann wäre nur
ausgedrückt, dass keiner mit dem Bogen das Unglück erreichen könne, welcher Sinn entsprechend wäre, wenn der
Zusammenhang forderte: so ferne ist das Unglück, dass
keiner dasselbe mit dem Bogen erreichen kann. Diesen Gedanken aber — abgesehen davon, dass damit eine nicht gar
grosse Entfernung bezeichnet wäre — dürfen wir nach dem
Zusammenhange in den Worten nicht suchen. Das Scholion
giebt die Erklärung: τοσαύτη γάρ ἐστι (bezieht sich auf das
im vorhergehenden Verse stehende und durch πημάτων wieder
aufgenommene ζημίαν), ὥστε μηδὲ τοξότην ἐφικέσθαι τοῦ
μήκους. Diese Erklärung bringt uns einen Schritt weiter
vorwärts: das angedrohte Unglück also ist so gross, hat —
äusserlich gefasst — eine solche Länge, dass keiner mit dem
Bogen so weit schiessen kann, als sich das Unglück ausdehnt.
Dieser Sinn aber wird durch die obigen Worte, auch wenn
man ἐφίξεται setzt, nicht wieder gegeben. Der ganze Vers
macht überhaupt — auch wegen des Futurs, wie oben bemerkt — den Eindruck, als sei er ursprünglich eine anmer-
kende Beischrift gewesen. Wie der Vers gelautet hat, der
zuerst jenen Platz einnahm, ist natürlich nicht mit voller
Sicherheit festzustellen. Halten wir aber die Erklärung des
Scholiasten mit einer andern Stelle aus Aischylos zusammen,
so scheint die Lösung doch nicht ganz unmöglich zu sein.
Diese Stelle findet sich in den Supplices 473: μίασμ' ἔλεξας
οὐχ ὑπεροξεύσιμον. Hier also ist die Rede von einem
μίασμα, über welches man mit Pfeilen nicht hinaus-
schiessen kann, d. h. welches sehr gross, unüberwindlich
ist. Ein ähnlicher Gedanke muss ursprünglich in dem obigen
Verse enthalten gewesen sein. Diesen gewinnen wir, wenn
wir schreiben: τόξῳ γὰρ οὐκ ἂν πημάτων πέραν βάλοις, „denn mit
dem Bogen dürfte man nicht über das Unglück hinaus schiessen
können," in einer solchen Länge dehnt es sich aus. Das
Verbum βάλλω hat in diesem Verse kein bestimmt ausgedrücktes
Objekt, ein Gebrauch, der nicht vereinzelt dasteht, vgl. bei-
spielsweise Eur. Andr. 1128 ἀλλ' ἔβαλλον ἐκ χειρῶν πέτροις.
Zu diesem Verse wurde erklärend beigefügt: οὔτις πημάτων
πέρας προσίξεται, keiner wird das Ende des Unglücks erreichen; diese Erklärung geriet in den Text, wobei πέρας
dem Versmass zu liebe weichen musste, und dies war um so
eher möglich, als der betreffende Abschreiber, der auf den
Zusammenhang wenig oder gar keine Rücksicht nahm, πημάτων
προσίξεται wohl verständlich fand, indem er von προσικνέομαι

annahm, dass es, in der Bedeutung „erreichen", dem anderen Kompositum ἐγκατέρομαι analog konstruiert sei. —

Δίκτυον. Auch dieses Wort — über das wir bereits gehandelt haben — musste, mit entsprechendem Adjektivum verbunden, dem Aischylos dazu dienen das schwere, unentrinnbare Unglück zu bezeichnen. Im Prometheus nämlich spricht Hermes zum Chor V. 1078 f. εἰς ἀπέραντον δίκτυον ἄτης | ἐμπλεχθήσεσθ᾽ ὑπ᾽ ἀνοίας. Vgl. auch Ag. 1382, wo das Purpurgewand, welches Klytaimnestra ihrem Gemahle über das Haupt warf, in ähnlicher Weise ἄπειρον ἀμφίβληστρον genannt wird. — Im Prometheus findet sich ferner eine Metapher, welche wiederum so recht beweist, **dass kein Ausdruck des gewöhnlichen Lebens, und mochte er auch noch so trivial sein, vor den spähenden Augen des suchenden Dichters sicher war.** Es ist dieses eine Übertragung von *Παιδιά*, Kinderspiel, Scherz. Okeanos nämlich ermahnt (V. 307 ff.) den Prometheus, nicht weiter in harten und scharfen Worten gegen Zeus zu sprechen, da dieser ihn sonst so strafen könnte, dass das augenblickliche Leiden Kinderspiel dagegen sei (V. 313: ὥστε σοι τὸν νῦν χόλον | παρόντα μόχθον [18]) παιδιὰν εἶναι δοκεῖν). — Daran schliessen wir ein schönes Bild mit dem Substantivum

Κρατήρ. Ag. 1397 f. sagt Klytaimnestra von Agamemnon, den sie eben erschlagen: τοσόνδε κρατῆρ᾽ ἐν δόμοις κακῶν ὅδε | πλήσας ἀραίων αὐτὸς ἐκπίνει μολών. Unter dem fluchwürdigen Übel, mit dem Agamemnon den Becher, welchen er selbst zu Hause austrinken muss, angefüllt hat, ist natürlich die Opferung der Iphigenia zu verstehen.

Endlich ist noch anzuführen, eine Umschreibung mit *Ῥοπή* und dem Verbum ἀντισηκοῦν. In den Persern nämlich **giebt** der Bote **die** Grösse des über die Perser gekommenen Unglücks mit den Worten an (V. 436 f.): τοιάδ᾽ ἐπ᾽ αὐτοῖς ἦλθε συμφορὰ πάθους, | ὡς τοῖσδε καὶ δὶς ἀντισηκῶσαι ῥοπῇ. „Ein solches Unheil kam gegen sie, dass man mit diesem (mit dem, was ich gesagt habe) auch zweimal das Gegengewicht (gegen anderes Unglück) halten könnte."

Aus Sophokles ist zunächst ein vollständig ausgeführtes Bild anzuführen; im Oidipus auf Kolonos nämlich spricht der Chor (V. 1225 ff.), dass es für den Menschen das beste wäre, nicht geboren zu sein und, wenn er einmal geboren wäre, möglichst bald zu sterben; denn den Menschen erwarte ja schon in seiner Jugend Unglück aller Art; die grösste Not aber komme mit dem Greisenalter (V. 1237 ff.), ἵνα πρόπαντα |

κακὰ κακῶν ξυνοικεῖ. | ἐν ᾧ τλάμων ὅδ', οὐκ ἐγὼ μόνος, | πάντοθεν βόρειος ὥς τις ἀκτὰ | κυματοπλὴξ χειμερία κλονεῖται, | ὣς καὶ τόνδε κατ' ἄκρας | δειναὶ κυματοαγεῖς | ἆται κλονέουσιν ἀεὶ ξυνοῦσαι | αἳ μὲν ἀπ' ἀελίου δυσμᾶν, | αἳ δ' ἀνατέλλοντος, | αἳ δ' ἀνὰ μέσσαν ἀκτῖν', | αἳ δ' ἐννυχιᾶν ἀπὸ 'Ριπᾶν. — Ein zweites, allerdings nicht so weit ausgeführtes Bild lesen wir in der Antigone V. 584—592. „Glücklich, wer im Leben kein Unglück gekostet. Denn wenn einem das Haus von der Gottheit erschüttert wird, da säumt kein Unglück zu stürmen gegen die Fülle seines Geschlechts: ὅμοιον ὥστε πόντιον | οἶδμα, δυσπνόοις ὅταν | Θρήσσαισιν ἔρεβος ὕφαλον ἐπιδράμῃ πνοαῖς, | κυλίνδει βυσσόθεν κελαινὰν | θῖνα, καὶ δυσάνεμοι | στόνῳ βρέμουσιν ἀντιπλῆγες ἀκταί. — Auf diese beiden Bilder haben noch einige Metaphern zu folgen, und zwar zunächst das Adjektivum

Πρόγονος. Im Aias (V. 1192 ff.) stösst der Chor bei seiner Klage über den Tod des Aias Verwünschungen gegen Paris aus: „wäre doch jener Mann vorher in dem Luftraum verschwunden oder in den Hades, den allen gemeinsamen, hinabgesunken," und endet mit den Worten: ὦ πόνοι πρόγονοι πόνων· | κεῖνος γὰρ ἔπερσεν ἀνθρώπους. „O Unheil, du Vorfahr von Unheil," d. h. das Unheil erzeugt hat. Es wird also durch diese Worte nicht sowohl die Menge bezeichnet als vielmehr die dem Unglück innewohnende Eigenschaft, wonach es immer neues Unglück erzeugt. Das Wort πρόγονοι ist manchen Gelehrten verdächtig erschienen, und so wollte Dindorf mit Anlehnung an das aischyleische κακὰ πρόκακα (Pers. 986) πόνοι πρόπονοι lesen. Doch scheint mir diese Änderung nicht gerade nötig; jene Personifikation hat ja nichts besonders Kühnes an sich; alsdann müsste man wohl auch die Übertragung des Wortes

Πρέσβυς beanstanden; dieses Adjektivum finden wir O. R. 1365 εἰ δέ τι πρεσβύτερον ἔτι κακοῦ κακόν, | τοῦτ' ἔλαχ' Οἰδίπους, „denn wenn es noch ehrwürdigeres d. h. gewichtigeres, schlimmeres Unglück giebt als Unglück, dann hat dieses Oidipus erlangt". (Vgl. oben S. 33: κακοῦ κάκιον). — Der oben berührte Gedanke, dass Unglück selten allein bleibt, sondern weiteres Unglück erzeugt, ist in bezug auf das Labdakidenhaus in anderer Weise wieder gegeben, unter Benützung des Verbums

Πίπτω, in der Antigone V. 595 ἀρχαῖα τὰ Λαβδακιδᾶν οἴκων ὁρῶμαι | πήματα φθιτῶν ἐπὶ πήμασι πίπτοντ' (vgl. hiezu Aisch. Sept. 740). Doch diese Stelle giebt zu verschie-

denen Bedenken Anlass (vgl. was Schneidewin dazu bemerkt).
— Einen ähnlichen Gedanken von einem in ununterbrochener
Kette aufeinander folgenden Unglück finden wir Trach. 29 f.
νὺξ γὰρ εἰσάγει | καὶ νὺξ ἀπωθεῖ διαδεδεγμένη πόνον. Als letzte
Stelle ist aus Sophokles anzuführen
El. 1246 f. ἀνέφελον ἐνέβαλες ὤμποτε καταλύσιμον, |
οὐδέ ποτε λησόμενον ἁμέτερον κακόν.
Aus Euripides mag zunächst das Substantivum
Νέφος Erwähnung finden. In den Phoinissen ruft Kreon
aus (V. 1310 ff.): πότερ᾿ ἐμαυτὸν ἢ πόλιν | στένω δακρύσας, ἣν
πέριξ ἔχει νέφος | τοιοῦτον ὥστε δι᾿ Ἀχέροντος ἰέναι; Νέφος
fassen wir also hier als „Wolke des Unglücks, der Not;"
diese Not kommt von den die Stadt umlagernden Feinden;
und so nehmen denn auch andere νέφος als Menge (der Feinde;
über diese Bedeutung vgl. S. 5). — Dasselbe Substantivum
findet sich in einem schönen Bilde im Hercules furens, wo
Theseus das schwarze Jammerloos des Herakles nach der
Ermordung seiner Kinder mit den Worten malt (V. 1216 f.):
οὐδεὶς σκότος [19]) γὰρ οὐδ᾿ ἔχει μέλαν νέφος, | ὅστις κακῶν σῶν
συμφορὰν κρύψειεν ἄν. — Die ununterbrochene Reihe der
Leiden wird umschrieben mit Hilfe des Verbums
Ἄισσω, Iph. T. 191 μόχθος δ᾿ ἐκ μόχθον ἄσσει.
Ἀγέλη begegnet uns H. f. 1276 μυρίων τ᾿ ἄλλων πόνων |
διῆλθον ἀγέλας.
Auch von einem „Schatzhause des Unglücks" spricht
dieser Dichter; er überträgt nämlich
Θησαυρός Ion 923 οἴμοι, μέγας θησαυρὸς ὡς ἀνοίγνυται |
κακῶν. — Daran schliesst sich am besten das Adjektivum
Πλούσιος, welches wir finden Or. 394 ὁ δαίμων δ᾿ εἰς με
πλούσιος κακῶν. Vgl. Soph. O. R. 30 μέλας δ᾿ Ἅιδης
στεναγμοῖς καὶ γόοις πλουτίζεται. Dieses Verbum findet sich
auch Aisch. Ag. 1268: ἄλλην τιν᾿ ἄτης ἀντ᾿ ἐμοῦ πλουτίζειε.
Ἅμιλλα. Tro. 621 κακῷ κακὸν γὰρ εἰς ἅμιλλαν ἔρχεται.
Vgl. Bacch. 552 ἐν ἁμίλλαισιν ἀνάγκας. —
Von der Seefahrt hergenommen ist
Φόρτος, eig. Schiffsladung, Iph. T. 1306 πάρειμι, κακῶν
φόρτον ἀγγέλλων κακῶν.
Κύντατος. Diesen Superlativ hat bekanntlich schon Homer
K 503 αὐτὰρ ὁ μερμήριξε μένων ὅ τι κύντατον ἔρδοι, was er
als das Allerverwegenste thun solle. Auch Euripides hat
jenes Wort an einer hier zu erwähnenden Stelle, Suppl. 807
τὰ κύντατ᾿ ἄλγη κακῶν.
Endlich sind noch anzuführen die Verba

Ἅπτομαι und στηρίζω. Ersteres lesen wir H. f. 1240 ἅπτει κάτωθεν οὐρανοῦ δυσπραξίᾳ, „du berührst mit deinem Missgeschick den Himmel". Mit diesen Worten wird also das Adjektivum οὐράνιος umschrieben. Das zweite Verbum finden wir in den Bakchen V. 971 f. κἀπὶ δεῖν' ἔρχει πάθη ὥστ' οὐρανῷ στηρίζον εὑρήσεις κλέος. Also prophezeit Dionysos dem auf sein Abenteuer — zur Belauschung der Bakchantinnen — ausgehenden Pentheus: er werde dadurch ein furchtbares Loos finden, das ihm himmelhohen Ruhm eintragen, seinen Namen für immer bekannt machen werde. —

Damit sind wir am Ende angelangt. Ein kurzer Rückblick auf das Behandelte bestätigt uns, was wir in den einleitenden Vorbemerkungen gesagt haben, dass nämlich jeder einzelne Dichter auf eigene Füsse sich zu stellen bemüht gewesen sein wird. Die Wörter und Ausdrücke, welche bei den drei Tragikern sich finden, sind sehr gering an Zahl: von den mit „Substantiven des Unglücks" metaphorisch verbundenen Verben sind es nur ζευγνύναι und δάκνειν, von den für „Unglück, Not" in übertragener Bedeutung gebrauchten Substantiven sind es νύξ, χειμών (resp. χεῖμα) und die Wörter für „Netz, Schlinge", von den Verben, welche „vernichten, in Unglück bringen" umschreiben, ist es κίνει und χειμάζω, endlich von den im letzten Teile behandelten Wörtern πέλαγος und ζεῖμα. Doch herrscht auch hier keine volle Übereinstimmung. Die verschiedenen Dichter gebrauchen entweder verschiedene Komposita oder es wird ein bereits gebrauchtes Bild in anderer Weise nüanciert. So gebraucht Aischylos das Kompositum ἐζευγνύναι, Sophokles συγκαταζευγνύναι, Euripides συζευγνύναι. Bei dem Gebrauche von νύξ denkt Aischylos an das Dunkel, welches dem leuchtenden Tage gegenüber steht, Sophokles an die Nacht der Blindheit, Euripides an die Finsterniss, welche durch das aufgehende Sonnenlicht verscheucht wird. Χειμών gebraucht Aischylos einmal als reine Metapher, — wie auch Sophokles an der einzigen Stelle, wo er es hat — an einer andern Stelle drückt er die Beziehung zu den vom Sturme hin- und hergeworfenen Schiffern klar aus, Euripides hat das Wort (χεῖμα) in einem Bilde, wo dem Sturme der Hafen gegenübersteht. — Die Verwendung des Begriffes „Netz, Schlinge" hat bei Euripides eine bedeutende Erweiterung erfahren; dabei hat diese Metapher eine solche Verallgemeinerung sich gefallen lassen müssen, dass man an den ursprünglichen Begriff eines „umstrickenden Netzes" nicht mehr denken darf: vergleicht doch der Dichter

das Schwert mit einem Netze, **indem er** von „Netzen des Schwertes" spricht (Med. 1278, vgl. auch H. f. 729). —
Über die Metaphern, welche bei zwei Tragikern sich finden, ist im grossen und ganzen das nämliche zu sagen. In der Verwendung der gleichen Begriffe treffen am öftesten Aischylos und Sophokles zusammen, — in 7 Fällen — dann folgen Sophokles und Euripides, — in 5 Fällen — endlich Aischylos und Euripides — in 4 Fällen. Was schliesslich die Metaphern betrifft, welche sich nur bei einem Dichter finden, so ist darüber zu bemerken, dass Aischylos etwa 25, Sophokles ungefähr 31, Euripides circa 28 Wörter in übertragener Bedeutung gebraucht hat. Ich brauche wohl kaum besonders zu bemerken, dass diese Ziffern sich nur auf die in dieser Arbeit behandelten Übertragungen beziehen. In bezug auf Kühnheit und charakteristische Färbung steht natürlich Aischylos obenan; bei den meisten seiner Metaphern fühlen wir uns versucht sie als Autormetaphern anzusehen: so im 1. Abschnitte des I. Teils die Übertragungen von κολλάω und ἐπιτέλλω, im zweiten Abschnitt die Ausdrücke „Woge des Unglücks", „Priester des Verderbens", „Wirbel der Not" (= Not, Verderben bringende Wirbel), „Lehrer im Unheil", „Nahrung des Unglücks", im II. Teile die Verba ἀντρέπω (in dem kühnen Bilde Pers. 162 f.), θερίζω, καθιππάζομαι, δάπτω, δρέπω, im III. Teile die Übertragungen von παιδιά und κρατήρ.

Nach Aischylos hat die meisten charakteristischen Metaphern Euripides, so im 1. Abschnitte des I. Teils ἑκτέω, ἐπιστρατεύομαι, κατακομάζω, im 2. Abschn. τέκτων, σοφιστής und ὁδός, im II. Teile das Verbum ἀκολοτίζω und der Ausdruck βότρυον δίκης, im III. Teile die Metaphern von ἀγέλη, θησαυρός, φόρτος, ἅμιλλα und πλούσιος.

Die Metaphern bei Sophokles bereiten uns hinsichtlich der Bestimmung, ob sie Autormetaphern sind oder nicht, mehr Schwierigkeiten; zu einer solchen Bestimmung scheinen uns nur folgende aufzufordern: im 1. Abschnitte des I. Teils die Verba λατρεύω und ἐμπρέπω, im 2. Abschn. die Substantiva φλόξ und ὄργανον, im II. Teile das Verbum γεύομαι (zur Umschreibung von „vernichten") und im III. Teile die Adjektiva πρόγονος und πρέσβυς. —

Zum Schlusse erlaube ich mir noch zu bemerken, dass in einer zweiten Arbeit über die Metaphern gehandelt werden soll, welche sich auf „Trauer und Klage" etc. — gleichsam ein Nachtrag zu dieser Arbeit — sowie auf „Glück und Verwandtes" beziehen.

Anmerkungen.

1. (S 3.) Von den Arbeiten, welche sich mit den Tragikern beschäftigen, sind folgende anzuführen: Hoppe, de comparationum et metaphorarum apud tragicos Graecos usu, Berlin 1859. — Radtke, de tragicorum Graecorum tropis, 2 Teile, Berlin 1865. Krotoschin **1867**. — Schulze, **de** imaginibus et figurata Aeschyli elocutione, Halberstadt 1854. — Dahlgren, de Aeschyli metaphoris et similitudinibus a re navali deductis, Stockholm 1875. Ders. de imaginibus Aeschyli, Holmiae 1877. — Lueck, **de comparationum** et translationum usu Sophocleo, 3 Teile, Neumark 1878 und 1880, Stargardt 1882. — Krichauff, quaestiones de imaginum et **translationum** apud Sophoclem **usu**, Lyck 1882. — Schwartz, de metaphoris e mari **et re** navali petitis quaestiones Euripideae, Kiliae 1878. Magdeburg, **über die** Bilder und Gleichnisse bei Euripides, I. Teil, Danzig 1882. — Rappold, die Gleichnisse bei Aischylos, Sophokles und Euripides, 3 Teile, Klagenfurt 1876, 1877, 1878. — Coenen, **de comparationibus et** metaphoris apud Atticos praesertim poëtas, diss. Trai. ad Rh. 1875 (mir leider nicht bekannt geworden!) — Hense, **poetische** Personifikation **in griech.** Dichtungen etc., Halle 1868, I. Teil. Ders. beseelende Personifikation **in** griech. Dichtungen etc., II. Teil, Schwerin 1877. — Lechner, **de Aeschyli** studio Homerico, Erlang. 1862. Ders. de Sophocle poëta 'Ομηροκοπάτῳ. Erlang. 1859. Ders. de Homeri imitatione Euripidea, Erl. 1864.

2. (S. 4.) Die Bezeichnungen „Sprach- und Autormetapher" habe ich aus dem sehr lesenswerten Werke von Brinkmann, die Metaphern. Studien über den Geist der modernen Sprachen. I. Band, die Tierbilder der Sprache. Bonn 1878.

3. (S. 6.) Vgl. darüber Magdeburg, über die Bilder und Gleichnisse bei Eurip. p. 2. Über die Verspottung einzelner Stellen der Tragiker durch Aristophanes vgl. Bakhuyzen, de parodia in com. Aristoph. Trai. ad Rh. 1877.

4. (S. 8.) Diese Stelle scheint dem Euripides vorgeschwebt zu haben, da er die von den Feinden zu Tode getroffenen und von der Stadtmauer herabstürzenden Thebaner κυβιστῆρας nennt (Phoen. 1151).

5. (S. 9.) Vgl. über ἄτη Lehrs, populäre Aufsätze aus dem Altertum etc. p. 415—422; ausserdem Leop. Schmidt, Ethik der alten Griechen, I p. 247 ff.

6. (S. 15.) Οἴς. das nicht überliefert ist, habe ich nach Enger angenommen, da es nach dem ganzen Zusammenhange nicht wohl entbehrt werden kann.

7. (S. 15.) **Also** verbessert Blaydes die alte, geschraubte Überlieferung: σὺ γάρ μ' ἀπ' εὐπαθέντος ἱκανεῖς κακοῦ.

8. (S. 16.) Dieses Bild des Aischylos scheint den Euripides angeregt zu haben, auch seinerseits ein Bild mit ἅρμα zu schaffen. Während aber Aischylos von **einem** „Wagen des Unglücks" spricht, findet sich bei Euripides „**ein Wagen des** Glücks". Die Stelle lautet: H. f. 779 f. νόμον παρέμενος, ἀνομίᾳ χάριν διδούς / ἔθραυσεν ὄλβον κελαινὸν ἅρμα. Das Glück **also,** der Glücksstand wird mit einem Wagen verglichen, welchen der Mensch zu lenken hat. Und wer zieht diesen Wagen? Offenbar die Τέχη. Zur **Lenkung** dieses Wagens aber sind Klugheit, Besonnenheit nötig; wer diese Eigenschaften nicht hat, wer sich „der Unordnung und Gesetzlosigkeit hingiebt", der zertrümmert jenen Wagen d. h. vernichtet seinen Glücksstand. **Der Wagen** heisst „dunkel, schwarz", weil er eben dem **Untergange geweiht ist.** Vgl. darüber oben unter μέλας S. 18.

9. (S. 17.) Πότον — πτερόν (Aisch. Suppl. 328) glaube ich nicht **anführen zu** müssen, da πτερόν eine unsichere Konjektur von Turnebus ist, **statt des** handschriftlichen πότμον.

10. (S. 19.) Φάος, bei den Tragikern sehr häufig metaphorisch gebraucht zur Bezeichnung von Rettung, Glück, findet sich in ersterer Bedeutung schon **bei** Homer: vgl. Z 6 (φόως), Η 39 (φόως), 95 (φάος), Υ 95 (φάος).

11. (S. 24.) Εἰς ἄρκυας Ἄτα hat Seidler aus dem handschriftlichen εἰς ἀρκύστατα hergestellt.

12. (S. 29.) Diese Stelle erinnert uns unwillkürlich an das, was von Euripides in dessen vita gesagt ist (Z. 16): φασὶ δὲ αὐτὸν καὶ ζωγράφον γενέσθαι καὶ δείκνυσθαι αὐτοῦ πινάκια ἐν Μεγάροις.

13. (S. 30.) **Κονίς** ist eine zweifellos richtige Konjektur von Jortinus (?) statt des überlieferten κόνις.

14. (S. 31.) Δρέπω (pflücken) wird **sogar von** dem Vergiessen des **Blutes gesagt,** Aisch. Sept. 718 ἀλλ' αὐτάδελφον αἷμα δρέψασθαι θέλεις.

15. (S. 32.) Über den Neid der Götter vgl. Leop. Schmidt, **Ethik der alten Griechen I. p. 77—84.**

16. (S. 35.) Die Geschichte ist ja allbekannt, dass der Schauspieler Hegelochos das Unglück hatte γαλῆν (Wiesel) statt γαλήν' zu sprechen, wodurch er sich einen augenblicklichen Missfallssturm und für lange Zeit den Spott aller zuzog. Parodiert hat diese Stelle ausser andern auch Aristophanes Ran. 305 ἔξεστί θ' ὥσπερ Ἡγέλοχος ἡμῖν λέγειν / ἐκ κυμάτων αὖθις αὖ γαλῆν ὁρῶ. Die Spitze dieser Verse richtet sich offenbar auch **gegen den Dichter.** Vgl. **auch das** Scholion zur Stelle d. Euripides.

17. (S. 38.) So hat Bothe verbessert statt des überlieferten ἐανθίσαντες. Jene Verbesserung verdient jedenfalls den Vorzug; vgl. Cho. 150 ὑμᾶς δὲ κωκυτοῖς ἐπανθίζειν, sc. παιᾶνα.

18. (S. 40.) Also schreibt Wecklein statt der gewöhnlichen Lesart: τὸν νῦν ὄχλον (Doederlein) παρόντα μόχθων παιδῶν τινα δοκεῖν.

19. (S. 42.) Οὐδεὶς σκότος ist eine Verbesserung von Canter; die handschriftlichen Überlieferungen lauteten: εἶθ᾽ τις σκότους und ἰδ᾽ εἰ σκότους.